직분을 알면 교회가 보인다

직분을 알면 교회가 보인다

초판 1쇄 발행 2018년 12월 25일
초판 7쇄 발행 2024년 12월 10일

지은이 이성호
펴낸이 신은철
펴낸곳 좋은씨앗
출판등록 제4-385호(1999. 12. 21)
주소 서울시 서초구 바우뫼로 156(MJ 빌딩), 402호
주문전화 (02)2057-3041 주문팩스 / (02)2057-3042
good-seed21@daum.net
www.facebook.com/goodseedbook

ISBN 978-89-5874-407-8 04230
ⓒ 이성호

이 책의 저작권은 저자 및 저자와 독점계약한 도서출판 좋은씨앗에 있습니다.
신저작권법에 의하여 보호를 받는 저작물이므로 무단 전재와 무단 복제를 금합니다.

직분을 알면 교회가 보인다

이성호

좋은씨앗

차례

추천의 글 • 6

여는 글: 부실한 직분, 부실한 교회 • 8

*

1. 도대체 직분이란 무엇인가? • 21

2. 직분, 누가 어떻게 주는가? • 30

3. 직분의 종류와 특성 • 38

(한 걸음 더 들어가기: 직분의 이중 특성 • 49)

4. 직분자의 자격 • 64

(한 걸음 더 들어가기: 회에 의한 치리 • 99)

5. 갈등을 넘어 몸 된 교회 세우기 • 106

*

닫는 글: 착하고 충성된 종들을 위하여 • 125

직분 관련 추천도서 • 127

추천의 글

직분은 한국 교회의 문제이자 해답이라고 해도 과언이 아니다. 직분은 교회를 든든히 세우기 위해 하나님이 주신 선물인데 한국 교회는 그 직분의 남용으로 인해 혼란과 진통을 겪고 있다. 한국 교회의 갱신은 단순히 영적 부흥만이 아니라 직분의 기능을 회복하는 데 있다.

이 책은 어떻게 성경 말씀에 따라 직분을 바르게 세울 것인지 일목요연하게 정리해 놓았다. 저자는 실제로 자신이 개척하고 섬겨 온 교회에서 얼마 전, 성공리에 직분자를 세움으로써 이 책에서 전하는 내용을 솔선하여 실천에 옮겼다. 개혁 교회를 단단한 직분 위에 세우기 원하는 교회마다 직분자 교육으로 활용하기에 적합한 책이다.

박영돈_ 고려신학대학원 교의학 교수, 『일그러진 한국 교회의 얼굴』 저자

한국 교회의 직분 실태를 엄중하게 본 현실 진단, 성경과 역사를 통해 본 정확한 직분 이해, 성경적 직분론을 바탕으로 내린 현실성 있는 적용, 그럼에도 개혁할 것은 개혁해야 한다는 과감한 목소리, 무엇보다 직분을 교회에 베푸시는 삼위 하나님의 은혜에 대한 강한 강조, 이 모든 풍요로운 내용들이 정통성을 가졌지만 시종일관 유쾌하게 전달된다. 책이 다루는 범위는 직분론의 기초에 해당하지만, 한국 교회의 현실을 감안하면 수십 년 직분을 감당해 온 사람들부터 서둘러 읽어야 한다!

이정규_ 시광교회 담임목사, 『회개를 사랑할 수 있을까?』 저자

여는 글
부실한 직분, 부실한 교회

자기 소견에 옳은 대로 직분을 이해함

오늘날 교회는 안팎의 많은 문제로 몸살을 앓고 있습니다. 여러 가지 이유가 있겠지만, 대부분 문제의 중심에는 직분자들이 자리합니다. 직분자로 인해 교회 안에 다툼이 일어나고 교인들이 갈라서며 사회에 공분을 일으키는 사건이 일어납니다. 교회에 나온 지 얼마 안 되는 초신자가 문제를 일으킨다고 한들 얼마나 크고 자주 있겠습니까? 오랫동안 교회에 다니며 힘을 키운다고 한들 직분자가 아닌 한 (적어도 장로 교회인 경우에) 그 영향력은 제한적일 수밖에 없습니다. 교회가 치명적인 상처를 입고 심지어 문을 닫게 되는 비극은 대부분 목사를 포함해 직분자로 인해 생깁니다.

교회가 어려움을 겪고 있다는 것은 다시 말해 직분자에게 문제가 있다는 뜻입니다. 직분자가 문제를 일으키는 가장 큰 이유는 직분에 대한 이해가 왜곡되어 있기 때문입니다. 이것은 교회에서 이 주제에 대해 가르치지 않거나 잘못 가르친 결과이기도 합니다. 모든 교리와 마찬가지로 직분에 대한 이해 역시 교회에서 말씀을 통해 바르게 배우지 않으면, 반드시 "자기 소견에 옳은 대로" 이해하고 실천하게 마련입니다. 이러한 자기중심적 사고방식은 인간의 타락한 본성 중 하나이기 때문입니다. 목회자도 여기서 예외일 수 없습니다. 그러므로 교회의 많은 문제를 풀어 가는 출발점은 직분에 대한 올바른 성경적 이해를 추구하고 이를 바르게 실천하도록 하는 것입니다.

우리는 직분에 대해 어떻게 이해하고 있을까요? 언젠가 여섯 살 아이에게 "장로님은 뭐하는 사람이지?"라고 물었습니다. 아이는 "악수하는 사람이요"라고 대답했습니다. 아마도 예배 전후로 교회 문 앞에서 성도들과 악수하는 장로님의 모습이 인상적이었던 것 같습니다. 오랫동안 규모가 큰 교회를 섬기다가 은퇴하신 장로님께 물은 적이 있습니다. "장로가 교회에서 감당해야 하는 가장 중요한 일이 무엇이라고 생각하십니까?" 장로님은 한참 동안 고민하더니, "갑자기 물으니 잘 생각이 나지 않네요. 교수님이 좀 가르쳐 주세요"라고 대답했습니다. 30년 동안 목회하다가 은퇴하신 목사님에게도 물었습니다. "좋은 장로란 어떤 사람입니까?" 목사님은 질문을 듣자마자 이렇게 대답했습니다. "좋은 장로가 뭐 따로 있나요? 그저 목사가 하자는 대로 잘 따르고 협력하면 그 사람이 좋은 장로죠."

이런 이야기가 한국 교회의 현실을 100퍼센트 반영한다고 말할 수는 없습니다. 그러나 개인의 경험에 비추어 보면 크게 틀리지 않는 것 같습니다. 장로 중에 지금 이야기한 은퇴 목사의 답변에 선뜻 동의할 분이 얼마나 될까요? 하지만 정확하게 무엇이 틀렸는지 짚어 낼 수 있는 장로 또한 많지 않을 것입니다. 교회에서 제대로 된 직분자 교육을 받은 적이 없기 때문입니다.

직분에 대한 부실한 이해는 목사에 대한 불신으로 이어집니다. 장로는 목사가 자신에게 가르치고 싶은 것만 가르친다고 생각할 수 있습니다. 정작 목회 현장에서 실제로 장로를 가르치는 사람은 담임목사가 아니라 선배 장로입니다. 목사는 장로에게 목사에 대한 협력을 가르치지만, 선배 장로는 후배 장로에게 교회를 위한 진정한 협력은 목사에 대한 감독과 견제라고 가르칩니다. 직분에 대해 저마다 자신의 소견에 옳은 대로 이해하고 있는 형편입니다. 당연히 직분에 대한 공감대가 이루어지지 못합니다. 직분은 교회를 세우기보다는 불일치와 갈등의 진원지가 되고 있습니다. 이제는 "자기 소견에 옳은 대로"가 아니라 성경이 가르치는 직분론으로 돌아가 다시 시작해야 합니다.

직분의 왜곡: 아직도 집사입니까?

우리는 어떤 사물이나 개념에 대해 미리 고정된 생각을 가질 때가 있습니다. 그것을 선입견이나 편견이라고 부릅니다. 선입견이나 편견은 사실에 대한 잘못된 이해를 반영하는 경우가 많습니다. 직분에 대해서도 마찬가지입니다. 직분에 대한 바른 가르침이 부족하다 보니 성도는 왜곡된 이해를 갖게 됩니다. 예를 들어 교회의 직분을 벼슬과 비슷한 것으로 이해합니다. 회사의 직급 같은 것으로 여기기도 합니다. 교회에 다니지 않는 사람 중에는 목사가 교회의 주인이라고 생각하는 이들이 많습니다. 문제는 적지 않은 성도들도 그렇게 생각한다는 것입니다. 직분을 오해하고 있기 때문에 하는 대표적인 질문이 있습니다. "아직도 집사입니까?" 이것이 얼마나 직분에 대한 왜곡된 이해를 담고 있는지 살펴보겠습니다.

첫째, 이 질문에는 장로는 교회에 일정 기간 다니면 누구나 맡을 수 있는 직분이라는 생각이 담겨 있습니다. '나이가 들고 교회에 다니면 장로쯤은 되어야지'라고 생각하는 사람들이 상당수입니다. 교회에 오랫동안 다녔는데도 장로가 되지 못하면 믿음이 부족하거나 열심이 모자란 것으로 평가하기도 합니다. 이러한 이해는 직분이 '하나님께서 주신 선물'이라는 가장 기초적인 사실에 무지한 데서 나옵니다. 장로는 노력하면 획득할 수 있는 직분이라는 생각을 가지고 있는 한, 장로직에 대해 바르게 이해할 수 없고 장로의 역할을 교회 안에서 제대로 회복하기도 불가능합니다. 아무나 장로가 될 수 있다는 말은 장로가 되어서는 안 될 사람이 장로가 될 수도 있다는 말입니다. 그러면 교회는 건강하게 세워질 수 없습니다.

둘째, 이 질문에는 장로가 집사보다 더 낫거나 지위가 높다는 생각이 담겨 있습니다. 결과적으로 장로가 되는 것을 집사에서 승진하는 것으로 착각하게 만듭니다. 장로 선출 투표에서 떨어지는 것을 승진 시험에서 낙방하는 것과 비슷하게 생각하여 크게 낙심하는 경우가 얼마나 많습니까? 장로 선출을 하고 나서 많은 교회가 후유증을 앓는 이유가 여기에 있습니다. 장로가 집사보다 높다는 생각이 교회에서 사라지지 않는 한, 장로직을 바르게 이해하고 장로의 역할을 교회 안에서 바로 세우기는 어렵습니다. 로마 가톨릭 교회와 달리 장로교회에서는 어느 한 직분이 다른 직분에 비해 더 낫거나 높다는 개념 자체가 존재하지 않습니다. 그럼에도 이와 같은 생각이 널리 퍼져 있는 것은 직분에 대한 이해에 심각한 문제가 있다는 반증입니다.

  셋째, 장로가 집사보다 더 낫거나 높다고 생각하는 현실적인 이유는 대부분의 장로가 집사 중에서 선출되기 때문입니다. 어떤 사람은 집사 중에서 장로를 선출하는 것을 당연하게 여깁니다. 더 나아가 "집사도 제대로 못하면서 어떻게 장로 직분을 감당할 수 있는가?"라고 반문하기도 하는데, 이것이야말로 장로 직분에 대한 이해가 잘못되었음을 단적으로 보여 줍니다. 고신교회 헌법에 따르면 "40세 이상 65세 이하의 남자 세례교인으로 무흠하게 7년을 경과한 자"(교회정치 제6장 65조)는 누구나 장로가 될 수 있습니다. 직분에 대해 이런 기초적인 사실만 바로 알아도 장로가 더 높다거나 집사 중에서 장로를 선출해야 한다는 생각이 잘못되었음을 알 수 있습니다.

직분의 남발

부실한 신학은 부실한 실천을 초래합니다. 직분에 대한 왜곡된 이해는 직분자를 세우는 임직 과정에서 확연하게 드러납니다. 이것은 교회 역사가 분명히 보여 주는 사실이며 오늘날 한국 교회도 이런 현실을 고스란히 반영하고 있습니다.

직분이 왜곡될 때 가장 흔히 나타나는 현상은 직분의 남발입니다. 많은 신학교를 통해 목사 후보생이 지나치게 많이 배출되고 있습니다. 기독교가 박해를 당하던 어려운 시절에는 소명 의식이 확고한 사람만이 신학교에 들어갔습니다. 그런 사람은 헌신과 희생으로 목회에 진력했고, 그 결과 교회는 영적으로 많은 복을 누릴 수 있었습니다. 그러나 지금은 소명 의식은커녕 체계적인 훈련과 교육이 부족한 환경에서 목사 후보생이 배출되면서 부실한 목회로 이어지고 있습니다. 목사 한 사람을 잘못 청빙했다가 교회가 얼마나 큰 고통을 겪을 수 있는지는 실제로 경험해 본 성도라면 잘 알 것입니다.

어떤 사람은 목사가 많으면 많을수록 좋다고 말합니다. 목사가 많아야 성도의 선택권이 넓어진다고 주장하는 사람도 있습니다. "어차피 그들이 교회를 개척하든 전도를 하든 할 텐데, 그러면 어쨌든 교회는 성장하는 것이 아닙니까?"라고 반문하는 사람도 있습니다. 남북이 통일될 날을 대비하여 더 많은 신학생을 선발해야 한다는 주장도 있습니다. 과연 그럴까요? 경기도에 있는 한 교도소 수감자들의 직업을 분류해 보면 전직 목사가 가장 많다는 현실*을 어떻게 설명해야 할까요? "목사 환영"이라고 쓴 택시 회사들의 구인광고 현수막을 보면서 직업에는 귀천이 없으니 문제될 것이 없다고 속 편하게 말할 수 있을까요?

한국 교회는 세계 교회에서 찾아보기 힘든 직분까지 만들어 남발하고 있습니다. 그런 예 중 하나가 서리집사입니다. 서리집사는 안수를 받을 필요가 없고 임기도 1년밖에 되지 않습니다. 그러나 1년만 봉사하게 하는 경우는 거의 없으므로 사실상 안수집사와 별 차이가 없습니다. 서리집사가 되면 제직회에 참석하여 발언하는 것을 포함해 많은 권한을 행사할 수 있습니다. 그러나 규모가 어느 정도 큰 교회에서는 제직회의 규모가 지나치게 비대해져 실제로 제직회에 참석하는 서리집사는 소수에 불과한 것이 현실입니다. 그 결과 대부분의 장로 교회는 제직회가 적법하게 열리고 결정 사항을 추인하

---

* 대부분 교회를 개척하는 과정에서 발생한 채무를 갚지 못해 처벌을 받은 경우이다.

는 데 필요한 최소한의 참석자 기준을 사실상 없애 버렸습니다. 제직회에 회원들이 참석하지 않아 회의를 개최할 수조차 없는 경우가 많아서 당일 참석자 수를 개회 성원 수로 정해 회의를 진행하는 웃지 못할 상황이 벌어지고 있습니다.

직분이 남발되면서 직분자를 임직하는 과정도 부실해졌습니다. 대부분의 임직자 교육이 형식적으로 이루어집니다. 목사 교육은 그나마 제도적으로 신학교에서 3년 동안 이루어지지만, 장로나 집사에 대한 체계적인 교육은 없다시피 합니다.

교회마다 상황은 다르겠지만 직분자 교육은 "교회 혹은 목사를 열심히 섬겨야 한다"는 식으로 막연하게 이루어집니다. 장로로 임직되면서 웨스트민스터 소요리문답도 제대로 숙지하지 못하는 경우가 빈번합니다. 장로가 해야 하는 중요한 일 중 하나가 신앙고백에 따라 말씀을 분별하는 것인데, 소요리문답도 모르니 어떻게 장로의 일을 제대로 감당할 수 있겠습니까?

예배와 분리된 직분

직분의 부실은 예배의 부실과도 밀접한 관련이 있습니다. 직분자는 승천하신 주님을 대신해 예배 가운데서 성도를 섬기는 사람입니다. 그러니 예배가 변하면 직분자의 역할도 변할 수밖에 없습니다. 로마 가톨릭 교회에서는 예배를 미사라고 부르는데, 미사는 근본적으로 희생 제사입니다. 예배가 제사인 곳에서 가장 중요한 직분은 제사장입니다. 실제로 로마 가톨릭 교회에는 사제 외에 직분이 존재하지 않습니다. 집사도 부제라고 부르는 낮은 계급의 사제일 뿐입니다. 로마 가톨릭 교회에서 일어난 예배의 변질로 직분의 성직화와 계급화가 초래되었습니다.

예배가 변질되기는 한국 교회의 상황도 다르지 않습니다. 오늘날 예배가 "축제가 되어야 한다"는 미명 아래 공연처럼 바뀌고 있습니다. 새로 건축되는 예배당은 그 구조가 극장과 다르지 않습니다. 사도신경을 통해 고백하듯, 예배의 본질은 성도가 참여하는 교제(성도와 삼위 하나님과의 교제, 성도와 성도 간의 교제)여야 하는데 보여 주기 식의 화려함이 중요해졌습니다. 예배는 그야말로 '보는' 예배가 되었습니다. 커다란 스크린이 이전에 설치된 십자가를 가려 버리고, 찬양팀의 역할이 성례의 수준으로 격상되며, 찬양 인도자와 연주자가 목사 못지않은 영향력을 갖게 되었습니다.

예배가 공연처럼 변하면서 직분자는 예배에서 특별히 할

일이 없어졌습니다. 대표기도 말고는 장로나 집사가 예배에 특별한 관심을 가질 이유가 사라졌습니다. 목사의 역량은 예배에 참석하는 신도 수에 따라 평가되기 시작했습니다. 숫자의 압박이 들어오니 목사들은 예배 자체보다는 어떤 프로그램을 실시해 신도 수를 늘일 것인지에 더 집중합니다.

예배는 말씀과 성례라는 은혜의 수단을 통해 직분자가 하나님의 은혜를 성도에게 나누어 주는 섬김의 시간입니다. 장로는 세례, 입교, 성찬을 통해 목사와 협력함으로써 은혜의 수단에 수종을 드는 사람입니다. 세례나 성찬과 같은 예식을 매주 혹은 자주 실시해야 장로의 직무가 예배 속에서 성도들에게 분명히 인식됩니다. 자비의 사역을 감당하는 집사도 마찬가지입니다. 사람들의 편의를 위해 예배 중에 봉헌하는 순서를 없애는 교회가 늘어나면서 집사가 예배 시간에 담당하는 일도 점점 없어지고 있습니다.

직분자는 기본적으로 섬기는 사람입니다. 여기서 주의할 것이 있습니다. 누구를 섬기는지가 중요합니다. 직분자는 무엇보다 예배 가운데서 삼위 하나님을 섬기는 사람입니다. 직분자는 성도의 종이 아니라 주의 종입니다. 주님께서 직분자에게 성도를 섬기라고 명하셨으니 섬기는 것이지 성도의 종이어서 섬기는 것이 아닙니다. 성도를 섬기더라도 직분자는 성도를 즐겁게 하는 게 아니라 주님께서 명하신 것을 그대로 따르는 데 목표가 있습니다.

　예배가 변하고 타락한 결과, 직분자는 엔터테이너가 되고 말았습니다. 하나님을 기쁘시게 하기보다 사람을 기쁘게 하는 일이 더 중요해졌습니다. 목사는 사람의 귀를 즐겁게 하는 설교를 하고, 성도를 심방하고 치리해야 하는 장로는 그 일을 목사에게 미루며, 가난한 자를 돌보아야 하는 집사는 자신의 본분을 잊어버리고 말았습니다. 예배와 직분이 분리되면서 직분자는 교회의 행정 직원이나 도우미 정도로 인식되거나, (그 반대로) 기업체의 임원 같은 고위 직급자처럼 인식되고 있습니다.

다시 시작해야 할 때

한국 교회에서 직분은 오랫동안 알게 모르게 부실해졌습니다. 직분에 대한 바른 이해가 결여되고, 그 결과 직분이 남발되며, 비극적이게도 돈에 의해 결정되는 일까지 벌어지고 있습니다. 직분의 부실은 교회의 부실로 이어질 수밖에 없습니다. 이제부터라도 부실해진 직분을 바로잡아야 합니다. 직분에 대한 성경의 가르침을 바르게 이해하고, 오늘날 우리 한국 교회에 어떻게 유효하게 적용할 수 있을지 고민해야 합니다.

직분론은 그리스도께서 교회의 머리가 되신다는 진리에 대한 고백입니다. 직분론이 약화되었다는 것은 그리스도의 통치가 약화되었음을 의미하기도 합니다. 성도 중에 누가 감히 그리스도의 머리 되심을 부인할 수 있을까요? 하지만 대다수가 그리스도께서 구체적으로 어떻게 교회를 다스리시는지는 잘 모릅니다. 또한 직분자를 통해 실현되는 그리스도의 통치를 경험하지도 못합니다. 교회의 정치가 오히려 세상의 정치보다 타락한 경우가 많습니다. 모든 불합리한 결정들이 은혜라는 이름으로, 심지어 주님의 이름으로 교회 안에서 이루어지고 있습니다. 지금부터라도 교회의 머리가 되시는 그리스도의 영광이 회복되어야 합니다. 그 출발점은 직분론을 바르게 정립하는 것입니다.

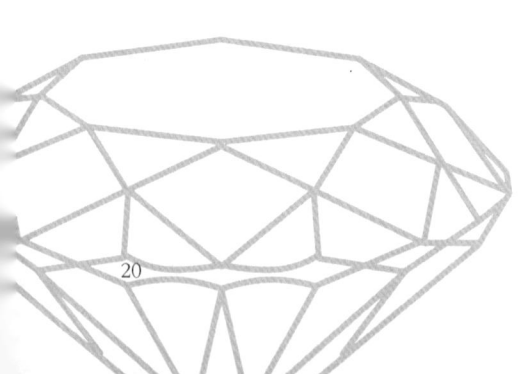

1. 도대체 직분이란 무엇인가?

성경이 말하는 직분의 의미

성경에서 직분이라는 단어는 여러 의미로 사용됩니다. 직분이라는 하나의 단어로 표현되기는 하지만 실제로는 서로 다른 여러 개의 원어에서 번역되었습니다. 몇 가지 예를 들어 보겠습니다.

- 그의 직분(position, 헬라어 '에피스코펜')을 타인이 취하게 하소서(행 1:20).
- 나를 충성되이 여겨 내게 직분(service, 헬라어 '디아코니아')을 맡기심이니(딤전 1:12).

- 모든 지체가 같은 직분(function, 헬라어 '프락신')을 가진 것이 아니니(롬 12:4, 개역한글).
- 내가 할 일을 알았도다 이렇게 하면 직분(management, 헬라어 '오이코노미아스')을 빼앗긴 후에 사람들이 나를 자기 집으로 영접하리라 하고(눅 16:4).

어떤 경우에는 성경 원문에 그 단어가 없지만 뜻을 명확히 하기 위해 번역 과정에서 직분이나 직무라는 단어가 추가된 본문도 있습니다. "사도의 직분"(롬 1:5)이나 "제사장의 직분"(롬 15:16) 같은 표현들이 그 예입니다. 특히 고린도전서 12장 5절 이하에 따르면 당시 교회 안에 제법 다양한 직분이 있었던 것으로 보입니다.

대부분의 경우 직분으로 번역된 단어는 어떤 일, 즉 직무를 의미합니다. 따라서 직분을 맡겼다는 말은 직무를 맡겼다는 말과 거의 동일한 의미로 보는 것이 맞습니다. 특별히 이 직무는 '섬기는 일'이라는 뜻의 헬라어 단어 '디아코니아'에서 번역되었습니다. 직분으로 번역되는 대다수 원문에서 디아코니아가 사용되고 있습니다. 그렇다고 오늘날 교회 안에서 이루어지는 '섬기는 일'을 모두 직분으로 이해하면 곤란합니다. 예를 들어 교회당을 청소하는 것은 교회를 섬기는 일 중 하나이지만 엄밀한 의미에서 직분이라고 할 수 없습니다.

모든 그리스도인은 직분자인가?

그렇더라도 사실상 모든 그리스도인이 어떤 의미에서는 섬기는 일, 즉 직분을 맡았다고 할 수 있습니다. 하이델베르크 요리문답은 우리가 왜 그리스도인이라고 불릴 수 있는지에 대해 답하면서 이렇게 설명합니다.

> 왜냐하면 내가 믿음으로 그리스도의 지체가 되어 그의 기름부음에 참여하기 때문입니다. 나는 선지자로서 그의 이름의 증인이 되며, 제사장으로서 나 자신을 감사의 산 제물로 그에게 드리고, 또한 왕으로서 이 세상에 사는 동안은 자유롭고 선한 양심으로 죄와 마귀에 대항하여 싸우고, 이후로는 영원히 그와 함께 모든 피조물을 다스리게 될 것입니다(제32문답).

이 요리문답에 따르면, 우리가 그리스도인이라는 사실조차 '직분'이라는 개념으로 볼 수 있습니다. 심지어 우리가 가르쳐 온 '만인 제사장' 교리뿐만 아니라 '만인 선지자' 교리 혹은

'만인 왕' 교리까지도 가르쳐야 한다고 이해할 수 있을 것입니다. 만일 모든 그리스도인이 제사장이요 왕이며 선지자라면 교회 안에서 어떤 일이라도 맡을 수 있다는 말입니까? 그렇다면 성도가 교회에서 맡지 못하는 일이 있기나 한 걸까요?

모든 성도가 제사장이요 왕이며 선지자인 것은 맞지만, 모든 성도가 목사이고 장로이며 집사는 아닙니다. 모든 성도가 제사장으로서 자신의 삶을 주님께 드릴 수 있지만, 모두가 다 성도에게 세례를 베풀거나 성찬을 거행할 수 있는 것이 아닙니다. 모든 성도가 왕으로서 죄와 마귀에 대항해 싸워야 하지만, 모두가 다 교회 안에 있는 악인들을 출교할 수 있는 것이 아닙니다. 또한 모든 성도가 선지자로서 그리스도의 이름을 위한 증인이 되어야 하지만, 모두가 다 공적으로 설교를 행할 수 있는 것도 아닙니다.

여기서 우리는 그리스도인인 모든 성도에게 공통적으로 맡겨진 직분과 제한된 성도에게 맡겨진 특별한 직분이 있음을 알게 됩니다. 이 책에서는 모든 그리스도인이 아니라 제한된 성도에게 맡겨진 특별한 직분에 대해서만 말하려고 합니다. 또한 성경의 명시적인 가르침에 근거하지 않은 (찬양대원, 구역장, 권사, 청년회장 같은) 교회의 직책이 아니라, 주께서 몸 된 교회에 주신 특별한 직분, 즉 목사와 장로, 그리고 집사에 대해 말하려고 합니다. 이런 구분은 대단히 중요합니다. 이것이 제대로 구분되지 않으면 (찬양대원, 구역장, 권사, 청년회장 같은) 직책을 맡은 사람이 자신도 직분자라고 오해하며 교회의 질서를 어지럽힐 수 있기 때문입니다.

직분: 직무, 직위, 직원

사전적인 의미에서 직분은 직무와 직위 두 가지 모두를 의미합니다. 직무는 직분자가 해야 하는 일이고, 직위는 직분자가 맡은 자리입니다. 예를 들어 "목사의 직분은 설교하는 것이다"에서 사용된 직분이라는 표현은 직무를 의미하고, "그 사람은 목사의 직분에 걸맞지 않은 행동을 했다"에서 사용된 직분이라는 표현은 직위를 의미합니다.

직무와 직위는 구분되지만 분리되어서는 안 됩니다. 예를 들어 교회가 세워지기 위해서는 설교 사역이 필수인데, 교회에 목사가 없다면 어떻게 해야 할까요? 성도 중에 영적으로나 지적으로 탁월한 사람이 있습니다. 그 사람이 목사보다 가르치는 일을 더 잘할 수도 있습니다. 그러면 그 사람에게 목사의 직무를 맡기는 것이 옳을까요? 그 사람에게 목사라는 직위를 주어 봉사하게 해야 할까요?

또 다른 예로 예배 끝에 기도 형식으로 '복을 선언'하는 축도에 대해 생각해 봅시다. 설교는 전문적인 훈련이 필요한 일이라 하더라도 설교의 한 형태인 축도는 사실 별다른 훈련이 필요 없습니다. 간단한 성경 구절을 외워 선포하면 됩니다. 일반 성도는 말할 것 없고 초등학생도 얼마간 연습을 하면 그 직무를 행할 수 있습니다. 그러니 설교는 목사가 하더라도 축도는 모두가 할 수 있지 않을까요? 우리 주님도 "내 이름으로 이런 어린아이 하나를 영접하면 곧 나를 영접함이요"(막 9:37)라고 말씀하지 않으셨습니까? 그러니 주님의 이름으로 행한다면 누구라도 맡을 수 있는 일이 아닐까요?

그렇지 않습니다. 그 일을 잘한다고 해서 누구나 그 일을 맡을 수 있는 것은 아닙니다. 직무를 행할 수 있는 능력뿐만 아니라 맡아도 될 만한 자격의 여부도 중요하기 때문입니다. 여기서 우리는 직무를 맡을 수 있는 자격에 대해 이야기해야 합니다.

이것을 염두에 두고 디모데전서 1장 12절을 살펴봅시다. "나를 능하게 하신 그리스도 예수 우리 주께 내가 감사함은 나를 충성되이 여겨 내게 직분을 맡기심이니." 여기서 직분은 직무로 번역해야 의미가 분명해집니다. 사도 바울은 사도의 직무를 감당하기에는 자신이 너무나 부족하다고 여겼습니다. 사도는 그리스도의 죽으심과 부활을 증거해야 하는 사람인데, 이전에 바울은 교회를 극렬히 핍박했기 때문입니다. 실제로 바울은 자신이 맡은 직분과 관련해 공격을 많이 받았습니다. 교회를 핍박하다 못해 괴멸하려고 했던 자가 어떻게 사도의 직무를 행할 수 있을까요? 바울이 사도의 직무를 행할 수 있는 유일한 이유는, 그리스도께서 그를 그 자리에 세우셨기 때문입니다. 그리스도께서 세우셨다는 분명한 사실 때문에 바울은 사도의 직무를 당당하게 수행할 수 있었습니다.

한편, 직위를 가지고 직무에 충성하는 자를 직원이라고 합니다. 한국 교회에서는 직분자라는 말을 사용하는데 이것은 관습적인 용어이지 교회의 법적 용어는 아닙니다. 대부분의 장로 교회 헌법은 '직원'이라는 용어를 사용하고 있습니다. 하지만 직원이라는 용어가 낯설고 일반 성도에게 오해를 줄 수 있기 때문에 특별한 이유가 없는 한 이 책에서는 직분자라는 용어를 그대로 사용하겠습니다.

여기서 직무와 직위의 관계를 잘 정리해야 합니다. 첫째, 직분에서 직위 자체가 중요하지 않습니다. 직분은 벼슬이 아니기 때문입니다. 직분이 중요한 이유는 그 직분이 맡고 있는 일 때문입니다. 굳이 따지자면, 직위보다 직무가 훨씬 더 중요합니다. 교회는 직무 때문에 세워지지 직위 때문에 세워지지 않습니다. 그런데 직무는 아무나 할 수 없고 오직 그리스도께서 세우신 자, 즉 직위를 가진 자만이 감당할 수 있습니다.

둘째, 하나님께서 어떤 사람에게 직무를 맡기실 때는 그것을 감당할 만한 능력도 주십니다. 이것이 디모데전서 1장 12절에 드러난 직분의 중요한 측면입니다. 직분은 아무나 감당할 수 있는 것이 아닙니다. 본인의 능력으로 하는 것도 아닙니다. 오직 하나님께서 주시는 능력으로 그 일을 할 수 있습니다. 그 일을 감당할 수 있게 하는 것을 '은사'라고 부릅니다. 설교를 목사가 감당해야 하는 직무라고 한다면, 진리를 분별하는 능력은 그 직무에 필수적인 은사라고 할 수 있습니다. 이 은사는 스스로 터득하는 것이 아니라 (물론 본인이 노력하면 늘 수는 있지만) 하나님께서 주시는 것입니다.

셋째, 주목할 사항은 직분자의 신실함입니다. 아무리 능력이 뛰어나더라도 믿을 만하지 않으면 하나님은 그 사람을 직분자로 세우지 않으십니다. 사도 바울은 사람이 보기에는 전혀 믿을 만한 사람이 아니었습니다. 한때 그는 교회를 박해하는 일에 앞장섰기 때문입니다. 그러나 하나님은 바울을 신실하게 보시고 그에게 직분을 맡기셨습니다. 고린도전서 4장 2절의 말씀처럼 "맡은 자들에게 구할 것은 충성" 곧 신실함입니다. 만일 어떤 사람이 직무를 맡았다면, 그리고 능력도 있다면 그에게 필요한 것은 신실함입니다.

오늘날 많은 사람들이 직분자가 되려고 하지만 정작 해당 직무에는 관심이 없는 경우가 많습니다. 직위 자체에만 관심을 가질 뿐 직위가 주어지는 목적, 즉 교회를 세우는 일에는 관심을 두지 않습니다. 하지만 직분은 무엇보다 교회의 일을 위해 존재합니다. 사도 바울은 디모데에게 감독으로서 마땅히 해야 하는 첫 번째 일은 "선한 일을 사모하는 것"이라고 말했습니다(딤전 3:1). 사실 직무는 넓은 의미에서 봉사(디아코니아), 즉 섬기는 일이기 때문에 직무에 충성하기란 결코 쉬운 일이 아닙니다. 결국 교회가 바로 서는 길은 은사를 받은 사람이 직위를 가지고 직무에 충성하는 것입니다.

2. 직분, 누가 어떻게 주는가?

도구로서의 직분

사회가 안정적으로 지속되려면 질서가 필요하고 질서를 유지하려면 통치자가 필요합니다. 어떤 통치자가 필요한가에 대해서는 시대와 지역에 따라 의견이 달랐습니다. 불과 100년 전만 해도 대부분의 나라는 왕정이야말로 가장 안정적인 통치 제도라고 생각했습니다. 민주주의 제도가 보편적으로 받아들여진 후에는 대통령제나 내각제를 선호했습니다. 비록 제도의 형태는 다르지만 통치 제도 자체가 있어야 한다는 것에는 모두가 동의하고 있습니다.

교회도 하나의 사회입니다. 따라서 이 사회가 안정적으로 지속되려면 질서 유지를 위한 통치 제도가 필요합니다. 이에 대해 어떤 사람은 반대 의견을 제시합니다. 교회는 영적인 공동체이므로 오직 말씀과 성령의 다스림을 받아야 한다고 주장합니다. 퀘이커 교도와 같은 극단적인 그룹은 다스림을 위한 제도로서의 직분을 거부하기도 합니다. 이들이 직분 자체를 거부하는 핵심적인 이유는, 직분자가 모두 '사람에 의해' 선출된다고 보기 때문입니다. 그래서 이들은 직분자를 별로 중요하게 여기지 않습니다.

이와 반대로 직분 자체를 지나치게 강조하는 그룹들이 교회 역사 속에 있었습니다. 로마 가톨릭 교회가 대표적입니다. 로마 가톨릭 교회는 직분자를 성직*자로 부르며, 다른 성도와는 본질적으로 다른 교회의 회원으로 여겼습니다. 특히 주교와 같은 고위 성직자는 교회 안에서 절대적인 권한을 가지고 다른 이들 위에서 왕처럼 군림했습니다. 심지어 이들은 세속 권력과 결탁하여 교회를 타락시키기도 했습니다. 특히 성경

---

* 로마 가톨릭 교회의 교리에 따르면 서품성사(안수식)를 통해 임직된 자는 다른 성도와 구별되어 더 높은 또는 거룩한 지위(holy order)로 승격된다. 종교 개혁가들은 이런 성직의 개념을 거부하고, 임직이란 '성도에 의해 임직받은 사람을 하나님께서 정한 임무를 수행하는 사람으로 인정하는 의식'으로 보았다. Eduardus Van der Borght, *Theology of Ministry: A Reformed Contribution to an Ecumenical Dialogue*(Leiden and Boston: Brill, 2007), 10.

해석의 권한을 독점하면서 스스로 성경보다 더 높은 자리에 올라 성도의 양심을 억압하거나 신앙을 통제했습니다.

종교 개혁은 직분에 대한 이러한 두 극단을 피하고 교회 안에 성경적 직분 개념이 바르게 정착되도록 노력을 기울이는 계기가 되었습니다. 개혁 교회가 종교 개혁 이후에 잘 정착할 수 있었던 이유는 바른 교리가 확립되었기 때문이기도 하지만, 바른 교리를 가르치고 적용하는 훌륭한 직분자가 많이 세워졌기 때문입니다. 교회가 지속적으로 성장하기 위해서는 좋은 직분자들을 세워야 합니다.

직분: 하나님께서 주시는 것

에베소서 4장 7-12절은 직분에 관한 중요한 진리를 말하고 있습니다. 이 본문은 이해하기가 쉽지 않습니다. 난해한 비유와 구약의 인용 본문이 뒤섞여 있기 때문입니다. 그럼에도 불구하고 이 본문이 직분에 대해 이야기하고 있으며, 직분이란 하나님께서 주시는 선물이라고 가르친다는 사실은 분명해 보입니다. 본문을 주의 깊게 보면 "주심"이라는 표현이 다양하게 강조되고 있습니다.

- 7절: 그리스도의 선물(gift, 헬라어 '도레아스')
- 7절: 은혜(grace, 헬라어 '카리스')를 주셨나니
- 8절: 선물(gifts, 헬라어 '도마타')을 주셨다
- 11절: 삼으셨으니(개역한글은 "주셨으니")

교회의 직분이 세상의 관직과 결정적으로 다른 점이 여기에 있습니다. 세상의 관직은 노력해서 획득하는 반면, 직분은 위로부터 주어집니다. 대통령 선거나 국회의원 선거를 보십시오. 그 직위를 얻기 위해 얼마나 노력합니까? 많은 사람이 얼마나 관심을 가집니까? 거의 전쟁 수준입니다.

세상의 선거 개념이 교회의 선거에도 적용되고 있습니다. 교회가 대형화될수록 문제는 더욱 심각해집니다. 장로나 집사가 되기 위한 선거 운동을 당연하게 받아들입니다. 교회 안에서 직분의 개념이 변질되고, 직분의 '주어짐'을 제대로 이해하지 못했기 때문입니다. 이것이 교회 전체가 타락하는 출발점이 되고 있습니다. 교단 총회장이나 기관장을 뽑는 선거의 경우 일반 정치인 선거보다 그 양상이 더 뜨겁고 소란스럽습니다. 심지어 선거 부정이 일어나더라도 별다른 제재나 처벌을 하지 않습니다. 선거운동이란 직분의 본질, 즉 하나님의 선물이라는 개념을 정면으로 거부하는 것이기에 교회 안에

서 반드시 근절되어야 합니다.

그렇다면 사람들은 왜 하나님의 부르심을 기다리지 않고 직접 노력해서 직분을 쟁취하려고 할까요? 직분은 라틴어로는 '무누스'(munus)라고 하는데, 기본적으로 섬김 혹은 일을 의미합니다. 일을 하지 않는 직분이란 그 자체가 무효입니다. 명예박사나 명예교수는 있을 수 있어도, 자리만 있고 일하지 않는 명예장로나 명예집사는 있을 수 없습니다.

직분은 섬김입니다. 아무도 스스로 종이 되기를 원하는 사람은 없습니다. 누구의 종이 되기 위해 선거 운동을 하는 경우는 더욱 없습니다. 그럼에도 사람들이 직분을 쟁취하려는 이유는 직분 안에 권력이 있다고 생각하기 때문입니다. 직분을 권력이나 영예로 생각하는 순간 교회는 쇠락의 길로 접어든다는 것을 명심해야 합니다. 그리스도의 교회가 바로 서는 첫걸음은 '직분은 하나님께서 주시는 선물'이라는 인식의 전환입니다.

승천과 직분: 선물은 어떻게 주어지는가?

직분이 하나님의 선물이라는 것은 직분론에서 가장 기초적인 사실입니다. 특별히 에베소서 4장 8절은 직분이 그리스도의 구속 사역, 그중에서도 승천과 매우 밀접한 관계가 있음을 가르쳐 줍니다. "그러므로 이르기를 그가 위로 올라가실 때에 사로잡혔던 자들을 사로잡으시고 사람들에게 선물을 주셨다 하였도다."

사도 바울은 직분이 어떻게 하나님에게서 주어졌는지를 시편 68편 18절*을 인용해 설명합니다. 이 구절은 시적인 표현으로 왕의 승리를 노래하고 있습니다. "사로잡힌 자"란 포로를 의미하며** 포로를 사로잡았다는 것은 전쟁에서 승리했음을 의미합니다. "높은 곳으로 오르[신다]"는 것은 승리를 기념하기 위해 높은 보좌에 오르시는 것을 의미합니다.

시편 68편에서 다윗은 하나님께서 자기 백성을 위해 대적을 물리치시고 높은 곳, 즉 성소에 좌정하시는 장면을 묘사하고 있습니다.*** 그런데 바울은 이 시편을 그리스도의 승천에 연결시킵니다. 위로 올라가신다는 말은 이전에 아래로 내려오

---

* "주께서 높은 곳으로 오르시며 사로잡은 자들을 취하시고 선물들을 사람들에게서 받으시며 반역자들로부터도 받으시니 여호와 하나님이 그들과 함께 계시기 때문이로다"(시 68:18).
** 사로잡힌 자는 '아이크말로토스'(αἰχμαλωσία)이며 항상 전쟁 포로를 가리키는 데 사용되었다. 길성남, 『에베소서 어떻게 읽을 것인가?』(성서유니온, 2005), 288.
*** 김성수, 『시편 2: 시편을 어떻게 설교할 것인가?』(두란노아카데미, 2008), 254.

셨다는 것을 의미합니다. 그리스도가 땅 아래로 내려오셨다가 높은 하늘 위로 올라가면서 자기 백성에게 선물을 주셨는데, 그것이 바로 직분, 즉 사도와 선지자와 복음 전하는 자 그리고 목사와 교사라는 것입니다.

요약하면 이렇습니다. 그리스도는 이 땅에 오시어 마귀와 싸우셨습니다. 이 싸움에서 그리스도는 (슈퍼맨처럼) 자신의 초자연적인 힘이 아니라 십자가의 죽으심과 부활로 승리하셨습니다. 마음만 먹는다면 말 한마디로 열두 군단도 더 되는 천사를 불러 단숨에 마귀를 물리칠 수도 있었지만 그렇게 하지 않으셨습니다. 만일 그랬다면 마귀와의 싸움에서 이길 수는 있어도 자기 백성을 죄에서 구원하지는 못하셨을 것입니다. 십자가의 죽음은 죄와 사망의 권세를 이기는 유일한 승리의 길이었고, 예수님은 그 길을 가셨습니다. 그 결과 우리가 구원의 복을 누릴 수 있게 되었습니다. 이것이 복음의 핵심입니다.

죽음에서 승리하신 주님은 부활 이후 하늘에 오르셨고, 성부 하나님은 선한 싸움을 마친 그리스도에게 하늘에 속한 모든 보화를 주셨습니다. 그런데 우리를 위해 십자가에서 희생 제물이 되신 그리스도는 승천하신 후에도 그 보화를 자신을 위해 쓰지 않고 자기 백성에게 나누어 주셨습니다. 그것이 바로 직분입니다. 이를 보면 교회를 향한 그리스도의 사랑은 지상에 계실 때나 하늘에 계실 때나 변함이 없음을 알 수 있습니다. 여기서 주목할 것은, 교회인 우리가 그리스도께 받은 선물은 그분이 피 값으로 치르신 것이라는 점입니다. 그리스도의 선물은 우리에게 값없이(free) 주어지지만, 그 가치는 값을 매길 수 없을 정도로(priceless) 귀하다는 것을 잊어서는 안 됩니다.

우리는 은혜라는 말을 남용합니다. 그러다 보니 은혜의 가치를 제대로 알지 못합니다. 은혜를 너무 당연시하면서 이른바 '값싼 은혜'가 난무하게 되었습니다. 직분은 우리에게 값없이 주어졌으나, 그리스도께서 이것을 위해 너무나 힘든 영적 전투를 치르셨다는 사실을 잊어서는 안 됩니다. 그리스도께서 목숨을 걸고 싸운 대가로 얻은 승리의 선물이 우리에게 주어졌습니다.

3. 직분의 종류와 특성

선물의 종류: 특정직과 항존직

에베소서 4장 11절*에 따르면, 승리하신 그리스도께서 자기 백성에게 주신 선물은 사도와 선지자와 복음 전하는 자, 그리고 목사와 교사입니다. 앞의 세 직분(사도, 선지자, 복음 전하는 자)은 교회가 시작될 때 주어진 한시적인 선물이고, 뒤의 두 직분(목사와 교사)은 주님이 다시 오실 때까지 교회에 항상 있어야 하는 선물입니다. 전자를 '특정직'이라고 하고 후자를

---

* "그가 어떤 사람은 사도로, 어떤 사람은 선지자로, 어떤 사람은 복음 전하는 자로, 어떤 사람은 목사와 교사로 삼으셨으니"(엡 4:11).

'항존직'이라고 합니다.* 이 두 직분을 잘 구별할 필요가 있습니다. 예를 들어 오늘날 로마 가톨릭 교회는 주교들이 사도직을 계승하고 있다고 주장하고, 신사도운동을 추구하는 이들은 오늘날에도 사도와 선지자들이 성령의 임재를 통해서만 존재해야 한다고 주장합니다. 이런 잘못된 교리에 많은 성도가 미혹당하고 있음을 고려한다면 특정직과 항존직을 구별하는 것이 얼마나 중요한지를 알 수 있습니다.

특정직은 교회가 처음 시작해 성장하는 특정 기간에만 존재하는 직분입니다. 그중에서 가장 중요한 직분은 사도입니다. 사도는 예수님께 직접 세우심을 받았고, 그리스도의 죽으심과 부활을 직접 목격한 자입니다. 또한 성령의 능력을 받아 그리스도의 증인이 되어야 하며, 한 교회에 매이지 않고 보편 교회를 위한 사역을 해야 했습니다.

복음 전하는 자는 사도와 협력하면서 복음을 바르게 전하는 일, 특별히 복음서를 기록하는 역할을 맡은 이들이었을 것입니다. 대표적으로 누가와 마가와 같은 이들입니다.

구약에는 없는 사도와 복음 전하는 자와 달리 선지자는

---

* 항존직과 종신직을 혼동하는 경우가 많은데, 전자는 직분 자체에 관한 것이고, 후자는 직분의 임기에 관한 것이다. 반대말은 각각 특정직과 임기직이다.

구약의 선지자직을 그대로 이어 받은 직분으로 하나님께서 특별한 시기에 부르시어 계시의 말씀을 교회에 전하는 자입니다. 아가보(행 11:28)*와 같은 이가 대표적인 신약의 선지자라고 할 수 있습니다.

특정직과 구별되는 항존직에는 목사와 교사가 있습니다. 물론 장로와 집사도 있지만 본문에는 생략되어 있습니다. 본문의 의도가 모든 항존직을 열거하는 것이 아니기 때문이라고 생각합니다. "목사와 교사"라는 표현 때문에 이것이 두 개의 다른 직분을 가리킨다는 견해가 교회 안에 오랫동안 자리 잡았습니다. 심지어 여기에 나오는 교사를 주일학교 교사 정도로 생각하는 성도들도 많습니다. 그래서 교사 헌신 예배 때마다 단골로 등장하는 본문이 에베소서 4장 11절입니다. 그러나 이 본문은 그와 같은 교사를 가리키지 않습니다. 산업혁명 이전만 하더라도 어린이를 위한 별도의 예배가 없었습니다. 교사 헌신 예배라는 것도 당연히 없었습니다.

그러므로 적어도 이 본문에서 언급하는 교사란 목사에 버금가는 중요한 직분을 가리키는 것으로 보아야 합니다. 이 직

---

* "그중에 아가보라 하는 한 사람이 일어나 성령으로 말하되 천하에 큰 흉년이 들리라 하더니 글라우디오 때에 그렇게 되니라"(행 11:28).

분자는 특정한 한 지역 교회에 매이지 않으며, 성경의 교리를 탁월하게 해석하여 교회가 바른 가르침을 선포하도록 돕는 역할을 맡았습니다. 그래서 칼빈 같은 신학자들은 교사를 신학 교수로 생각했고, 신학 교수에게 '교회의 교사'라는 호칭을 부여하기도 했습니다. 목사와 달리 교사는 가르치는 교도권만 있고 다스리는 권징권은 없습니다. 장로 교회의 전통과는 달리 개체 교회만을 완전한 교회로 인정하고 따라서 모든 직분은 개체 교회를 위해 존재한다고 믿는 회중 교회에서는 개체 교회 안에 목사와 교사를 동시에 두기도 했습니다.

문자적으로는 목사와 교사를 서로 다른 직분으로 해석할 수 있지만, 과연 초대 교회에서 교사라는 별도의 직분이 있었는지는 회의적입니다. 성경에도 교사 직분에 대한 언급이 거의 나오지 않을 뿐만 아니라 목사와 어떤 관계인지도 알 수 없습니다. 당시에는 신학교가 존재하지 않았으므로 교사를 신학 교수로 보는 것에도 한계가 있습니다. 그리고 회중 교회의 역사를 통해 증명되었듯, 한 교회에 목사와 교사가 동시에 사역하는 것은 전혀 효과적이지 않습니다. 이것을 보면 성경을 따라 직분을 세우는 것이 얼마나 어려운 과제인지 알 수 있습니다.

목사, 곧 가르치는 자

목사와 교사를 별도의 직분으로 보는 견해와 달리 교회 역사 속에서는 이 둘을 하나의 직분으로 보는 해석도 항상 존재했습니다. '목사, 곧 교사'로 해석하는 것입니다. 이것은 중언법(重言法)적인 관점에서 설명이 가능합니다. 중언법의 대표적인 예가 'bread and butter'입니다. 이것은 빵과 버터를 따로 의미하지 않고 '버터를 바른 빵'을 의미합니다. 성경에 나오는 '불과 연기'라는 표현 역시 불과 연기를 따로 의미하는 것이 아니라 '불타오르는 연기'를 의미한다고 볼 수 있습니다. 같은 방식으로 목사와 교사를 따로 볼 것이 아니라 '가르치는 목사' 혹은 '목사, 곧 가르치는 자'라고 볼 수 있습니다.

이 문구는 목사의 직분을 이해하는 데 대단히 중요합니다. 목사가 무슨 일을 하는지 구체적으로 적시하고 있기 때문입니다. 가르치는 것이 목사가 해야 하는 일의 전부는 아니지만 가장 중요한 일임은 분명합니다. 그럼에도 불구하고 목사의 가르치는 직무는 교회 안에서 종종 홀대를 받았습니다. 중세 시대에 목사(사제)가 주로 하는 일은 가르치는 것이 아니라 제사를 드리는 것이었습니다. 일곱 가지 성례를 중심으로 이루어지는 예배를 감당하느라 목사는 가르치는 일에 소홀할 수

밖에 없었습니다. 설교도 5분 남짓에 불과했고, 교리 공부도 제대로 실시되지 않았습니다. 그러다 보니 성도의 교육은 부실해지고 부실한 교육은 부실한 교회로 이어졌습니다.

종교 개혁 이후 500년이 지난 오늘날 교회의 상황은 완전히 바뀌었습니다. 하지만 목사가 가르치는 직무에 집중하기 힘든 환경은 여전한 것 같습니다. 중세 시대의 목사(사제)가 제사 드리는 일에 바빴다면, 오늘날의 목사는 행정이나 프로그램 준비에 시달립니다. 아무래도 설교를 준비하고 교리 교육을 시행하는 일에 소홀하기가 쉽습니다. 잘 가르치려면 먼저 잘 배워야 하는데, 목사가 배우는 일에 충분히 시간을 들이지 못하니 가르치는 사역을 제대로 감당하기 힘들 수밖에요. 교회의 회원 모두가 목사에게 가르치는 직무가 있음을 분명히 인식하여 이 직무가 방해받지 않도록 해야 합니다.

그렇다면 목사는 무엇을 가르쳐야 할까요? 사도는 예수님에게 직접 가르침을 받았고, 복음 전하는 자는 사도들에게 가르침을 받았으며, 선지자는 하나님에게 직접 계시를 받았습니다. 하지만 이런 일들은 오늘날 더 이상 불필요하게 되었습니다. 그 모든 계시가 성경에 기록되어 완전하게 보존되었기 때문입니다. 이제 우리는 성경에 담긴 계시의 의미를 정확히 이해하고 해석하여 바르게 전달하는 일만 하면 됩니다. 목사는 바로 이 일을 맡은 '말씀의 봉사자'입니다.

장로와 집사

에베소서 4장 본문에는 장로와 집사의 직분에 대한 언급이 나와 있지 않지만 목사와 더불어 중요한 항존직이기 때문에 잠시 이야기하고자 합니다. 노회에서 임직을 받고 파송되는 목사와 달리 장로와 집사는 개체 교회의 일반 성도 중에서 선출합니다. 이것은 종교 개혁을 통해 교회가 누리게 된 중요한 선물입니다. 종교 개혁 이전에는 오직 성직자만이 직분자가 될 수 있었으니까요. 그 이후에야 장로와 집사 직분이 일반 성도에게 개방되었습니다.

장로

장로(長老)라는 표현은 '나이든 사람', 즉 노인을 의미합니다. 이 용어만 보아서는 장로의 직무가 정확히 무엇인지 알 수 없습니다. 나이든 사람이 교회에서 해야 하는 일은 무엇이란 말입니까? 사실 나이와 직무는 별 상관이 없습니다. 장로라는 표현 자체가 문제입니다. 이 때문에 장로는 나이 많은 사람이

해야 한다는 의식이 은연중에 자리를 잡았습니다.

장로직에 대해 이해할 때, 가장 중요한 점은 장로의 공식 직함이 '다스리는 자'(governor) 혹은 '치리자'라는 사실입니다. '다스리는 자'로서의 직분 개념은 로마서 12장 8절*에 잘 나타나 있습니다. 다만 교회에서 장로를 '다스리는 자님' 혹은 '치리자님'이라고 부르기 어색하니 '장로님'이라고 부르는 것입니다. 따라서 치리자는 공식적인 명칭이고, 장로는 통상적인 명칭이라고 할 수 있습니다. 유사한 예로, 나이 서른이 안 된 검사를 통상적으로 '영감님'이라고 부르는 경우를 들 수 있습니다.

장로를 치리자로 이해하면 장로의 직무를 정확하게 알 수 있습니다. 그렇습니다. 장로가 기본적으로 해야 하는 일은 교회를 다스리는 것입니다. 여기서 다스림은 당연히 '말씀에 따른 통치'를 의미합니다. 말씀을 선포하는 직무는 목사가 맡기 때문에 교회를 다스리는 일에서 장로와 목사의 동역은 필수입니다. 즉 장로는 목사가 선포한 말씀에 따라 교회를 다스리는 자입니다.

---

* "혹 위로하는 자면 위로하는 일로, 구제하는 자는 성실함으로, 다스리는 자는 부지런함으로, 긍휼을 베푸는 자는 즐거움으로 할 것이니라"(롬 12:8).

장로의 치리, 곧 다스림은 본질적으로 영적입니다. 하나님의 나라가 영적이기 때문입니다. 장로의 치리가 영적인 하나님 나라의 통치를 구현하는 것이라면 장로가 해야 하는 직무가 다시금 분명해집니다.

심방은 본질적으로 장로가 해야 합니다. 심방하지 않는 장로가 어떻게 성도를 다스릴 수 있겠습니까? 교인의 회원권을 관리하는 것도 당회의 고유한 직무입니다. 교인이 이사를 오거나 갈 때, 결혼을 통해 새로운 회원이 가입하거나 이명할 때, 유아세례를 통해 어린 자녀를 회원으로 받아들일 때, 아이가 커서 입교를 하고 수찬회원*이 될 때 일어나는 모든 일을 감독하는 사람이 바로 장로입니다.

무엇보다 중요한 장로의 직무는, 예배 시간에 목사와 협력하여 성찬과 세례를 통해 하나님의 백성에게 주님의 은혜를 나누어 주는 일입니다. 안타깝게도 오늘날 교회에서 성찬과 세례의 중요성이 약화되면서 장로의 직무도 더불어 약화되었습니다. 그런 점에서 직분과 예배가 얼마나 긴밀하게 연결되어 있는지를 인식해야 합니다.

---

* 성찬을 받을 자격이 있는 교회 회원(교인)을 말한다. 일반적으로 세례를 받으면 수찬회원이 되지만 유아세례를 받은 경우에는 입교식을 통해 수찬회원이 된다.

집사

집사로 번역되는 헬라어 '디아코노스'는 섬기는 자라는 의미입니다. 집사의 직분을 제대로 이해하기 위해 우리는 이런 질문을 할 수 있습니다. "집사는 누구를 섬기는가?" 개혁 교회에서 집사는 교회 안과 밖의 가난한 자들을 공적으로 섬기는 사람입니다. 참고로 로마 가톨릭 교회에서는 집사를 부제(副祭)라고 부르는데, 예배 시간에 사제 옆에서 사제를 시중드는 일을 합니다. 따라서 로마 가톨릭 교회에서 부제는 기본적으로 사제를 섬기는 사람입니다. 이와 같이 잘못 실천되고 있던 집사의 직분이 종교 개혁을 통해 개혁되었습니다.

집사의 직분이 개혁되었다는 것은 교회가 가난한 이들에게 관심을 가지게 되었음을 의미합니다. 가난한 이들을 실제로 도우려면 돈이 필요합니다. 그런 이유로 예배 시간에 헌금을 거두고 사용하는 일을 자연스럽게 집사들이 맡게 되었습니다. 오늘날 예배 때 드리는 헌금을 봉헌이라고도 하는데 예전에는 연보*라고 불렀습니다. 이 표현은 하나님께 드린다기보다는 가난한 이들을 돕는다는 개념을 분명하게 드러냅니다. 말할 필요도 없지만, 하나님은 돈이 필요 없는 분이십니

---

* 연보(捐補): 자기의 재물을 내어서 다른 사람에게 보태 줌.

다. 돈은 인간에게, 특별히 가난한 사람에게 필요합니다.

구제 사역을 해본 사람이라면 잘 알겠지만 가난한 자를 돕는 것은 정말 어려운 일입니다. 일반 성도들은 돈 문제에 매우 민감합니다. 자신이 낸 돈이 어떻게 사용되는지 관심이 많습니다. 구제를 원칙에 따라 공정하게 집행하는 것은 무거운 직무입니다. 특별히 가난한 이들의 자존심을 상하게 하지 않고 돕기란 정말 쉽지 않습니다. 그렇기 때문에 사도행전 6장에 따르면 이런 일을 맡을 직분자를 세울 때 성령과 '지혜'가 충만한 자를 선택했습니다.

오늘날 우리 교회에서 집사는 어떤 일을 하고 있습니까? 가난한 자를 돕는 것이 본질적인 직무임을 가르치고, 실제로 그런 일을 하게 하는 교회는 얼마나 될까요? 집사는 목사와 장로와는 달리 교회 밖에 있는 사람들도 섬기도록 부르심을 받았습니다. 따라서 집사의 직무를 얼마나 잘 수행하는가에 따라 교회와 그리스도의 이름이 세상에서 영광을 받습니다. 아쉽게도 오늘날 집사는 이름뿐인 집사에 머무는 경우가 더 많은 것 같습니다. 교회 안팎의 허드렛일을 집사의 직무라고 생각하는 것 같습니다. 그런 일이 중요하지 않다는 것이 아닙니다. 하지만 그런 일은 집사가 아니더라도 성도라면 누구나 나서서 해야 하는 일입니다.

한 걸음 더 들어가기
직분의 이중 특성

직분의 복수성

개혁 교회에서는 목사, 장로, 집사, 이렇게 세 직분이 항존직으로 자리합니다. 세 직분이 항존한다는 사실만으로는 개혁 교회의 특성이 드러나지 않습니다. 로마 가톨릭 교회에도 주교, 사제, 부제라는 세 직분이 존재하기 때문입니다. 그러나 직분의 호칭을 자세히 들여다보면, 로마 가톨릭 교회에는 오직 제사장이라는 한 가지 직분이 있고 나머지는 단지 (군대처럼) 계급으로 나뉘어 있는 것을 알 수 있습니다.* 반면에 루터파는 지나치게 이신칭의 교리를 강조하여 모든 사역자를 말씀의 사역자로 만들어 놓았습니다. 그 결과 집사라는 직분은 교회 안에서 유명무실해지고 말았습니다. 개혁 교회는 이와

---

* 이성호, "바른 교회 바르게 세우기," 〈신학정론〉(2009): 51-78.

같은 로마 가톨릭 교회의 서열화된 직분 개념과 루터파의 획일화된 직분 개념을 거부하고 각 직분의 고유성을 강조하여 직분의 복수성(plurality)을 확립하고자 했습니다.

개혁 교회에서 목사, 장로, 집사는 각자 맡은 일이 다르기 때문에 본질상 다른 직분으로 인식됩니다. 목사는 말씀과 성례를 위해 봉사하는 직무이고, 장로는 교인을 말씀에 따라 치리하는 직무이며, 집사는 가난한 자를 구제함으로 말씀을 아름답게 하는 직무입니다. 이 때문에 개혁 교회에서 목사는 설교하는 일에 가장 많은 시간을 할애하고, 장로는 교인 심방을 가장 중요하게 여기며, 집사는 교회의 재정 집행에 상당한 권한을 행사합니다. 목사가 교회 재정에 간섭한다든지, 목사가 부재중이라고 해서 장로가 대신 설교하는 일은 개혁 교회에서 일어나지 않습니다. 각 직분자는 자신의 고유한 직무를 통해 교회의 머리 되신 그리스도를 섬길 뿐입니다.

이렇게 직분의 복수성이 확립된 결과, 개혁 교회에서는 한 직분자가 다른 직분자를 지배할 수 없게 되었습니다. 쉽게 말해 목사가 집사를 임명하거나 파면하는 일을 할 수 없게 된 것입니다(로마 가톨릭 교회에서는 이런 일이 당연히 가능합니다). 이것은 모든 직분자가 그리스도의 종이라는 대원칙에 기초합니다. 모든 직분자는 그리스도에게 직접 직분을 받으며 각자가 그리스도께 직접 책임을 지게 됩니다. 이런 인식이 흐려진다면 장로교의 교회 정치는 쉽게 혼동과 무질서의 상황에 처할 수 있습니다.

직분의 복수성을 받아들인다면 직무를 보다 철저하게 구별할 필요가 있습니다. 로마 가톨릭 교회와 같은 위계 질서가 존재하지 않는 상황에서 직무에 대한 구별이 흐려지면 오해와 갈등이 일어나기가 쉽습니다. 예를 들어 개혁 교회에서 설교는 목사만 행할 수 있습니다. 그러나 많은 교회에서 부장장로나 집사가 주일학교 예배 시간에 설교를 하고 있습니다. 담임목사가 부재중인 경우에 장로가 새벽 기도회나 수요 예배 때 설교를 하기도 합니다. 이것이 무슨 큰 문제냐고 묻는 사람이 있을지 모르겠습니다.

그러나 이와 같은 상황 속에서 성도들은 자연스럽게 목사, 장로 그리고 집사를 계급적인 개념으로 이해하게 됩니다. 목사는 대예배에서, 장로는 수요 예배에서, 집사는 주일학교 예배에서 설교할 수 있는 사람으로 인식한다는 것입니다. 또 다른 문제는 세 직분자들이 강단에서 구술로 행하는 모든 일을 무차별적으로 '설교'라는 이름으로 받아들이게 된다는 것입니다. 목사의 설교 직무와 다른 직분자들의 건언*을 보다 분명하게 구별할 필요가 있습니다. 오늘날 평신도도 설교할 수 있다는 식의 주장이 많습니다. 그것이 의도하는 바는 목사와 장로, 집사가 서로 평등하다는 주장이겠지만 실제로는 교회의 질서를 어지럽힐 위험이 많다는 점을 직시해야 합니다.

직무의 복수성이 제대로 확보되지 못하면 당회에서도 문제가 일어납니다. 장로 교회에서는 목사와 장로가 모두 장로에 해당하기 때문에 둘 사이의 관계를 정립하기가 쉽지 않습니다. 서로가 각자의 직무와 권한을 명확히 인식하지 않으면 갈등 관계에 놓일 수 있습니다.

목사도 장로이므로 다스릴 권한이 있습니다. 그러나 목사는 다스리는 권한을 독점적으로 행사할 수 없고 다른 치리 장로들과 함께 행사할 수 있습니다. 이것은 권징에서 분명하게 드러납니다. 장로가 없는 미조직 교회와 조직 교회를 구분하는 차이는, 스스로 권징을 할 수 있는가 그렇지 않은가에 있습니다. 교회에 장로가 있으면 장로의 협조를 얻어 교인에게 벌을 줄 수 있지만, 장로가 없으면 다른 교회 장로의 도움

---

* 건언(建言, word of edification): 설교라는 표현 대신 권면 혹은 강론 등으로 부를 수 있다.

을 받아야만 벌을 줄 수 있습니다. 권징을 할 때 장로와의 협력이 필수인데, 이것이야말로 목사와 장로의 관계가 어떠한지를 잘 보여 줍니다.

목사는 설교와 성례를 행할 때에는 전적인 권한을 갖지만 당회를 운영할 때에는 당회원 중 한 명일 뿐입니다. 당회의 의장으로서 회의를 이끄는 대단한 권한을 가졌지만, 어떤 안건을 최종적으로 결정하는 시점에서는 오직 한 표만 행사할 수 있습니다. 이때만큼은 목사와 장로의 구별이 사실상 없어집니다. 목사와 장로 모두 이 사실을 잘 이해해야 장로교의 교회 정치를 바르게 구현할 수 있습니다.

직분의 동등성 : 부목사 제도를 중심으로

개혁 교회는 세 직분의 복수성뿐만 아니라 동등성도 확립했습니다. 모든 직분자는 동등한 그리스도의 종이며, 교회는 여러 직분이 함께 회(會)를 이루어 다스리는 곳입니다. 이런 원리 때문에 개혁 교회에서는 목사가 장로를 해임하거나 집사들이 목사를 해고할 수 없습니다.

여기서 우리는 직분의 동등성을 중요성과 혼동해서는 안 됩니다. 개혁 교회에서 가장 중요한 직분은 목사이고, 목사만이 말씀을 맡은 자이기 때문입니다. 개혁 교회는 동등성이라는 이름으로 목사의 중요성을 가볍게 생각한 적이 한 번도 없습니다.

직분의 동등성은 동일한 직분 내에서도 지켜져야 합니다. 목사직 안에서 목사들 간에 차별이 없어야 하고, 장로직 안에서 장로들 간에 차별이 없어야 합니다. 간단히 말해, 높은 목사와 낮은 목사, 높은 장로와 낮은 장로가 있어서는 안 됩니다.

직분의 동등성이라는 원칙에서 보았을 때 '부목사'는 용어 자체가 잘못되었다고 할 수 있습니다. 누가 보아도 부목사라는 용어는 담임목사 아래에 있다는 인상을 주기 때문입니다. 실제로 한국 교회에서 부목사는 담임목사의 지도와 감독을 받습니다. 부목사의 가장 중요한 관심사는 담임목사의 의중이 될 수밖에 없는 상황입니다. 이것은 로마 가톨릭 교회의 사제 및 부사제 제도와 유사하며, 종교 개혁가들이 타파하려고 했던 폐해였습니다.

부목사 제도가 지닌 또 하나의 결함은 부목사의 임직 절차입니다. 임직에서 가장 중요한 것은 당연히 소명입니다. 여기서 말하는 소명이란 외적 소명을 가리킵니다. 로마 가톨릭 교회의 경우에는, 주교가 사제를 임명할 때 외적 소명이 주어진다고 봅니다. 반면에 개혁 교회에서는 교회의 부르심, 보다 정확하게 말하면 교인들에 의한 청빙을 외적 소명으로 봅니다. 그래서 모든 직분자는 교인들의 투표를 통해 하나님의 부르심을 확인합니다. 그런데 부목사는 이런 절차를 거치지 않습니다. 대부분의 교회에서 부목사는 담임목사가 정하며, 당회도 부목사 임직 과정에 특별히 신경을 쓰지 않습니다. 부목사가 하는 일이 교회에서 대단히 중요한데도 (교회의 청빙이라는 절차를 거치지 않으니) 그 일에 적합한 사람을 세우는 과정이 부실한 것입니다. 부목사의 외적 소명이 교회의 청빙과 교인들의 투표가 아니라 사실상 담임목사의 지명에서 비롯됩니다. 이는 로마 가톨릭 교회와 다르지 않은 상황입니다.

부목사 제도는 개혁 교회에 또 하나의 중대한 결함을 파생시킵니다. 개혁 교회는 직분 간의 동등성과 더불어 교회 간의 동등성도 확립했습니다. 이 원리에 따르면, 한 교회가 다른 교회를 지배할 수 없습니다. 그런데 이 중요한 원리가 부목사 제도의 도입으로 치명적인 손상을 입게 되었습니다. 부목사는 노회의 회원이므로 투표권을 가집니다. 그러니 부목사가 있는 교회는 부목사가 없는 교회보다 투표권을 더 많이 가지게 되는 셈입니다. 부목사 제도는 이미 진행 중인 교회의 양극화를 더 심화시키는 제도라고 하지 않을 수 없습니다.*

부목사 제도가 이렇듯 개혁 교회의 원리와 본질적으로 상충한다면 어떻게 해야 할까요? 개혁 교회의 원리에 맞게 부목사 제도를 개정하는 방법이 있습니다. 예를 들어 '동사'(同事) 목사 제도 같은 것입니다. 부목사와 달리 동사 목사는 공동의회에서 청빙을 통해 선출되고 노회의 위임을 통해 세워집니다. 저는 이것에 반대하지 않습니다. 누가 봐도 좋은 제도입니다. 다만 우리나라에서 성공한 사례가 거의 없는 것을 볼 때 실현하기 어려운 제도라고 생각합니다.

이와 같은 이유로 저는 궁극적으로 부목사 제도 자체가 없어져야 한다고 생각합니다. 부목사 제도 때문에 너무 많은 목사들이 배출되고 있습니다. 목사 안수가 너무 쉽게 이루어지고 있습니다. 목사 임직이 노회에서 매우 중요함에도 정작 목사 안수식에는 순서를 맡은 사람 외에 아무도 참석하지 않는

---

* 통상적으로 노회에 파송되는 장로 총대는 목사 수와 동등하게 배정된다. 교회에 부목사가 두 명이라면 장로 두 명을 더 노회에 파송할 수 있다는 말이다. 그러면 그 교회는 모두 여섯 명의 총대를 확보하여 다른 교회보다 네 표나 많은 권한을 갖게 된다. 부목사를 여럿 둔 대형 교회는 결과적으로 더 많은 투표권을 행사하게 된다. 대형 교회 하나가 어떤 안건을 성사시키지는 못해도 적어도 부결은 시킬 수 있는 힘을 갖게 된다. 노회의 안건이 진리의 여부가 아니라 수의 힘으로 결정되는 것은 매우 우려되는 상황이다.

경우가 얼마나 많습니까? 상황이 이렇게 된 것은, 목사 안수식이 '부목사' 안수식으로 변해 버렸기 때문입니다. 목사 안수식이 예전과 같이 '담임목사' 안수식으로 바뀌지 않는 한, 가벼워진 목사 안수식은 피하기 어려울 것입니다.

목사 수가 많다고 목사의 권위가 서는 것이 아닙니다. 오히려 목사들이 너무 많아 권위가 떨어지고 있습니다. 이름만 목사이지 실제로 하는 일은 강도사나 전도사와 차이가 없습니다. 때가 되었으니 그냥 목사로 안수하기보다는 계속 강도사로 남아 봉사하게 하는 것이 타당합니다. 그들에 대한 처우는 다른 방식으로 풀어야 하는 문제입니다. 나중에 교회로부터 담임목사 청빙을 받았을 때, 비로소 목사로 안수하는 것이 개혁 교회의 원리에 더 부합합니다.

더 나아가, 오늘날 목사라는 직함 때문에 나이가 들면 개척으로 내몰리는 부목사들이 늘고 있는 점을 지적하지 않을 수 없습니다. 차라리 강도사 신분을 유지하면서 사역을 계속할 수 있게 하는 것이 그들을 위해서도 더 유익할 수 있습니다. 목사 수급 문제가 근본적으로 해결되지 않는 한 부목사 문제는 앞으로도 교회의 무거운 짐이 될 것입니다. 교회의 모든 지도자가 이 문제의 해결을 위해 지혜를 모아야 합니다.

선물을 주시는 목적

직분의 기능에서 항존직과 특정직이 서로 차이가 있을지 모르지만 목적에서는 차이가 없습니다. 그 직접적인 목적은 성도를 훈련시키는 것입니다. 에베소서 4장 11-12절은 이렇게 말합니다.

> 11 그가 어떤 사람은 사도로, 어떤 사람은 선지자로, 어떤 사람은 복음 전하는 자로, 어떤 사람은 목사와 교사로 삼으셨으니 12 이는 성도를 온전하게 하여 봉사의 일을 하게 하며 그리스도의 몸을 세우려 하심이라(엡 4:11-12).

이 말씀을 근거로 직분의 기능을 정리하면 다음과 같습니다.

1) 성도를 준비시켜
2) 봉사의 일을 하게 함으로
3) 그리스도의 몸을 세우게 함

12절의 "온전하게 하여"라는 문구는 "준비시킨다"는 의미로 이해해야 정확합니다. 무엇을 위한 준비이며 훈련일까요?

바로 이어지는 문구가 정확하게 가르쳐 주고 있습니다. 봉사(섬김)의 일과 그리스도의 몸을 세우는 것입니다.* 여기서 사도 바울이 성전의 이미지를 계속 사용하고 있음에 주목해야 합니다. 우리는 그리스도께서 자신의 몸을 가리켜 성전이라고 하신 것을 기억할 필요가 있습니다. 이것은 나중에 교회를 의미하게 됩니다. 간단히 말해 하나님께서 선물을 주시는 최종 목적은 그리스도의 몸, 즉 교회를 세우는 것입니다.

가르치는 이들은 항상 가르침의 목적을 알고 있어야 합니다. 그렇지 않으면 열심히 가르쳤으나 허무한 결과를 가져올 수 있습니다. 목사가 성도에게 왜 성경을 가르칠까요? 성경을 가르치는 목적은 지식을 늘리는 데 있지 않습니다. 요즘에는 성경에 대해 궁금한 것이 있으면 인터넷 검색만 해보아도 대부분을 해결할 수 있습니다. 특정 사건의 시기나 장소 같은 정보는 목사에게 배우는 것보다 더 정확할 수 있습니다. 심지어 목사도 그런 정보를 인터넷에 의존하기도 합니다.

그러나 목사의 가르침은 수학이나 과학 지식을 가르치는

---

* 바울은 성도를 준비시키는 것에는 전치사 프로스(πρὸς)를, 봉사의 일과 그리스도의 몸을 세우는 것에는 전치사 에이스(εἰς)를 사용하고 있다. 전자는 목적을, 후자는 방향이나 목표를 나타낸다. 길성남, 『에베소서 어떻게 읽을 것인가?』, 297-298.

것과는 전혀 다릅니다. 기도원에서 명상하고 수련을 쌓는 것과도 다릅니다. 인터넷을 검색하면 지식이 증가하고, 기도원에 머물면 수련을 쌓을 수 있을지 모르나 그리스도의 몸 된 교회는 세워질 수 없습니다. 이 점에서 목사의 가르침은 집 짓는 기술을 가르치는 것과 비슷합니다. 교실에서 아무리 열심히 집 짓는 법을 배워도 실습을 한 번도 해보지 않은 사람은 절대로 집을 지을 수 없습니다. 가르침의 우선된 목적은 지식을 늘리는 것도 아니고, 수련을 쌓는 것도 아니며, 교회를 세우는 것임을 결코 잊어서는 안 됩니다.

집을 세운다는 점에서 목사를 교관에, 성도를 교생에 비유할 수 있습니다. 교생이 집을 짓도록 하려면 먼저 집을 지을 수 있도록 기본적인 기술을 준비시켜야 합니다. 대패질, 못질, 삽질 등이 이에 해당합니다. 이런 기본적인 준비가 되어 있지 않으면 집을 세울 수 없습니다. 오직 준비된 사람만이 하나님의 집을 세울 수 있습니다. 준비되지 않은 사람이 집을 세우려고 하면 어떻게 될까요? 열심이 있다고 해서 성도에게 무작정 봉사를 시키면 교회가 제대로 세워질까요? 오히려 그 열심이 성도를 분열시키고 교회를 허물어뜨리는 위험 요소로 자랄 수 있습니다.

성도에게 준비를 잘 시키는 가장 좋은 방법은 모범입니다.

목사는 설교나 강의를 통해 성도를 가르쳐야 하지만 실제 삶의 모습을 통해서도 가르쳐야 합니다. 물론 제대로 된 설교 없이 착한 삶만으로는 성도를 제대로 가르칠 수 없습니다. 좋은 도덕 교사는 될지 몰라도 교회를 세우는 교사는 될 수 없습니다. 모범이야말로 예수님께서 가장 즐겨 사용하신 교육 방식입니다. 주님은 제자들과 3년 동안 함께 지내면서 말씀을 통해, 그리고 삶의 모범을 통해 그들을 가르치셨습니다.

준비가 된 다음에는 실제로 봉사를 하게 해야 합니다. 이것도 쉬운 일은 아닙니다. 집을 짓는 일도 힘들지만 교회를 세우는 일은 더 힘듭니다. 일꾼에게 집을 짓게 하는 것은 쉬운 일일 수 있습니다. 돈을 많이 주면 열심히 일할 테지요. 교회를 세우는 일은 더 힘드니까 돈을 더 많이 주어야 할까요? 그렇지 않습니다. 하나님께서 각 사람에게 그리스도의 선물을 은혜의 분량대로 주셨기 때문입니다. 이렇게 힘든 일을 할 수 있게 하려면 목사는 성도로 하여금 각자가 받은 그리스도의 선물이 무엇인지를 복음 설교를 통해 깊이 깨닫도록 해야 합니다.

예전과 달리 요즘은 성도가 교회를 위해 봉사하는 것을 부담스러워 합니다. 우리의 삶 자체가 너무 분주해졌습니다. 어떤 성도는 일주일에 한 번 예배에 참석하는 것도 힘들게 살아가고 있습니다. 그러다 보니 교회 일이 일부 사람에게만 집중되는 경우가 종종 생깁니다. 이런 일을 근본적으로 방지하기 위해서는 모든 성도가 은혜의 분량대로 교회를 위해 봉사하도록 지혜롭게 일을 나누어야 합니다. 교회는 성도에게 믿음의 분량 이상의 봉사와 헌신을 요구하고 있지는 않은지 세심하게 살펴야 합니다.

성도에게 봉사를 하게 하는 최종 목적은, 그리스도의 몸인 교회를 세우는 것입니다. 교회는 모든 성도가 함께 지어져 가는 하나님의 성전이라고 사도 바울은 이미 밝혔습니다.* 여기서 우리는 좋은 직분자와 그렇지 않은 자를 구별하게 됩니다. 좋은 직분자는 교회를 세우는 사람입니다. 나쁜 직분자는 교회를 허무는 사람입니다. 이것은 직분자를 선출할 때 중요한 분별 기준이 됩니다. 어떤 성도가 봉사하는 곳마다 부서의 성장을 이루고 성도들을 잘 돌본다면, 그는 좋은 직분자가 될 자격이 충분합니다. 한편 어떤 성도가 신앙생활을 오래하고 성경 지식이 많으며 봉사도 열심히 하는데 가는 곳마다 갈등을 일으킨다면, 그는 좋은 직분자가 될 수 없습니다.

---

* "너희도 성령 안에서 하나님이 거하실 처소가 되기 위하여 그리스도 예수 안에서 함께 지어져 가느니라"(엡 2:22).

모든 교회가 장기적으로 튼튼한 교회로 성장하려면 좋은 직분자가 많이 세워져야 합니다. 그러기 위해 우리는 주님의 말씀을 잘 분별하여 직분에 대한 이해를 분명히 하고, 직분자를 세우시는 그리스도께 간절히 도움을 요청해야 합니다. 결국 교회는 그리스도께서 세워 가십니다.

4. 직분자의 자격

 디모데전후서와 디도서는 초기 교회 때부터 '목회서신'으로 불렸습니다. 이 서신들은 이름에서 알 수 있듯 개인에게 전달되었습니다. 하지만 사적으로 관계가 있는 개인이 아니라 감독이라는 공식 직분을 가진 이들이었습니다. 이 서신들에는 목사가 감독으로서 교회를 어떻게 목양해야 하는지에 대한 구체적인 원리들이 담겨 있습니다. 교회를 세워 갈 때 로마서와 갈라디아서 같은 교리 중심의 서신도 중요하지만, 이런 목회 중심의 서신도 매우 중요합니다.

 디모데전서 3장 1-13절은 감독과 집사 직분에 대해 말하고 있습니다. 원문에는 '직분'이라는 단어가 독립적으로 나타나 있지 않지만* 읽어 보면 직분에 관한 내용임이 분명합니다.

¹ 미쁘다 이 말이여, 곧 사람이 감독의 직분을 얻으려 함은 선한 일을 사모하는 것이라 함이로다 ² 그러므로 감독은 책망할 것이 없으며 한 아내의 남편이 되며 절제하며 신중하며 단정하며 나그네를 대접하며 가르치기를 잘하며 ³ 술을 즐기지 아니하며 구타하지 아니하며 오직 관용하며 다투지 아니하며 돈을 사랑하지 아니하며 ⁴ 자기 집을 잘 다스려 자녀들로 모든 공손함으로 복종하게 하는 자라야 할지며 ⁵ (사람이 자기 집을 다스릴 줄 알지 못하면 어찌 하나님의 교회를 돌보리요) ⁶ 새로 입교한 자도 말지니 교만하여져서 마귀를 정죄하는 그 정죄에 빠질까 함이요 ⁷ 또한 외인에게서도 선한 증거를 얻은 자라야 할지니 비방과 마귀의 올무에 빠질까 염려하라 ⁸ 이와 같이 집사들도 정중하고 일구이언을 하지 아니하고 술에 인박히지 아니하고 더러운 이를 탐하지 아니하고 ⁹ 깨끗한 양심에 믿음의 비밀을 가진 자라야 할지니 ¹⁰ 이에 이 사람들을 먼저 시험하여 보고 그 후에 책망할 것이 없으면 집사의 직분을 맡게 할 것이요

---

* 에피스코페스(ἐπισκοπῆς)라는 단어만 속격으로 사용되고 있다. 따라서 이것은 감독과 집사의 일이나 직위 등 여러 가지로 번역될 수 있다.

[11] 여자들도 이와 같이 정숙하고 모함하지 아니하며 절제하며 모든 일에 충성된 자라야 할지니라 [12] 집사들은 한 아내의 남편이 되어 자녀와 자기 집을 잘 다스리는 자일지니 [13] 집사의 직분을 잘한 자들은 아름다운 지위와 그리스도 예수 안에 있는 믿음에 큰 담력을 얻느니라.

감독과 집사

감독은 신약 교회가 시작될 때부터 매우 중요하게 다루는 직분이었습니다. 여기서 좀 궁금해집니다. 오늘날 한국 장로 교회에는 감독이라고 부르는 직분이 존재하지 않기 때문입니다. 따라서 교회에 감독이라는 직분이 없거나 있어도 별로 중요한 직분이 아닐 것이라고 생각하기가 쉽습니다. 반면에 로마 가톨릭 교회와 그리스 정교회 및 성공회에서 감독은 가장 중요하게 인식하는 직분입니다. 여기서는 감독을 주교라고 부르는데, 이는 사제라고 불리는 목사나 부제라고 불리는 집사와는 근본적으로 구별되는 직분입니다. 감독은 이름 그대로 교회의 다른 모든 직분자에 대해 전권을 가지고 있고, 실제로 그 권한을 행사합니다.

그런데 한국의 장로 교회와 달리 로마 가톨릭 교회나 다른 교회들이 (성경에 있는) 감독제를 따른다고 해서 그들이 옳다고 말할 수는 없습니다. 중요한 것은 호칭이 아니라 직무의 내용입니다. 호칭이 어떠하든 바른 직무 내용이 실천된다면 개혁 교회에서도 성경에 나오는 감독이라는 용어를 굳이 거부할 이유는 없습니다.*

'다른 직분자보다 더 높은 권세를 가지는 직분'으로서의 감독은 성경에 존재하지 않습니다. '감독'은 성경에서 장로와 교차적으로 쓰이는 용어로서 호칭만 다를 뿐 동일한 직분을 가리킵니다.** 장로는 단지 나이가 많다는 의미에서 '어르신'을 뜻하기 때문에 호칭만으로는 이 직분이 무슨 일을 하는지 알 수 없지만, 문자적으로 '위에서 보는 자'라는 의미를 가진 감독은 호칭 자체가 이 직분의 직무 내용을 규정해 줍니다.

모든 용어가 그렇듯 감독이라는 호칭도 그 직분을 정확히

---

* 이런 이유 때문에 루터는 감독/주교(bishop)직을 폐지하기보다는 성경에 따라 말씀의 봉사자로 개혁하고자 했다. Van der Borght, *Theology of Ministry*, 8.
** 대표적인 예로 사도행전 20장에서 바울은 에베소 교회의 '장로들'을 청했는데 그들을 '감독자들'이라고 불렀다. 심지어 베드로도 자신을 소개하면서 '함께 장로된 자'라고 언급했다. 초대 교회사와 신약에 정통했던 라이트풋(Lightfoot)에 따르면 동일한 직분이 유대 지역에서는 장로로, 그외 지역에서는 감독으로 불렸다. 참조. 변종길, 『빌립보서 주석』(개혁주의 신행협회, 2010), 32-33.

규정하기에는 한계가 있습니다. 감독은 장로가 해야 하는 일 중 한 가지만 기술하고 있습니다. 더구나 이 호칭은 권위주의적인 색채를 드러내는 탓에 교회에서 쓰기에 적절하지 않을 수도 있습니다. 본질상 섬김을 의미하는 직분이라는 개념과 어울리지 않습니다. 따라서 통상적으로 감독을 부를 때에는 목사나 장로 같은 호칭이 보다 적절할 수 있습니다. 그럼에도 목사나 장로가 감독의 직무를 담당한다는 점을 결코 무시해서는 안 됩니다. 감독의 직무는 기본적으로 주님의 말씀에 따라 성령의 도우심으로 교회의 성도를 가르치고 살피며 돌보는 것입니다. 이것은 디모데전서 3장 5절에 잘 나타나 있습니다. 여기서 "돌본다"는 말*은 특별히 병이 든 환우와 관련해 사용되는 말입니다. 이것은 교회를 위한 매우 중요한 직무가 아닐 수 없습니다.

    감독과 더불어 집사도 매우 중요한 직분입니다. 디모데전서 3장 8-13절에 집사의 직분을 맡을 수 있는 자의 자격에 대해 언급하는데 감독과 집사 두 직분이 어떻게 비교되는지 볼 수 있습니다. 집사는 '디아코노스'라는 헬라어로 표현되며

---

* 에피멜레세타이($\epsilon\pi\iota\mu\epsilon\lambda\eta\sigma\epsilon\tau\alpha\iota$)라는 단어는 신약 성경 다른 곳에서 선한 사마리아인 비유에서만 사용되었는데 선한 사마리아인이 강도 만난 자를 직접 "돌보아" 주었고, 주막 주인에게 "돌보아" 달라고 부탁한다(눅 10:34-35 참조).

문자 그대로 섬기는 일을 하는 사람입니다. 요약하면 교회는 다스리는 감독과 섬기는 집사를 통해 세워져 가는 하나님의 기관이라고 할 수 있습니다. 물론 감독도 섬기는 자이지만 이 섬김은 다스림을 통한 섬김입니다. 그리스도의 종으로서 성도를 다스림으로 섬깁니다. 집사 역시 그리스도의 종으로서 섬김의 사역을 통해 성도를 돌봅니다.

감독의 자격

<u>선한 일을 사모함</u>

감독은 교회에서 대단히 중요한 직분이므로 매우 신중하게 세워야 합니다. 바울이 디모데에게 보내는 서신에서 감독직과 관련해 중요한 지침을 주는 것도 그 때문입니다. 이 지침은 오늘날에도 유효하므로 우리 역시 귀를 기울여야 합니다.

 감독의 직분과 관련해 큰 원리로 언급되는 내용은 "선한 일을 사모하는 것"입니다. 보통 '선한 일'이라고 하면 선행으로 이해되고, 일이나 행위는 은혜와 대비되는 개념으로 사용됩니다. 우리의 일이나 행위는 하나님의 은혜와 그분이 베푸신 구원과 관련해 아무런 가치가 없습니다. 이에 대해 로마서 11

장 6절은 이렇게 선언합니다. "만일 은혜로 된 것이면 행위로 말미암지 않음이니 그렇지 않으면 은혜가 은혜 되지 못하느니라."

선행에 대한 부정적인 가르침에도 불구하고 성경은 선행에 대한 권면으로 가득 차 있다는 점도 주목해야 합니다. 여기서 우리는 선행에 대한 올바른 자리매김을 할 필요가 있습니다.* 선행은 구원을 얻는 일에서는 무가치하지만 교회를 세우는 일에서는 필수적입니다. 그런 관점에서 선행의 중요성은 아무리 강조해도 지나치지 않습니다. 다시 말하면, 선행 없이 교회의 성장은 없습니다. 선행은 특별히 직분자를 통해 이루어지므로 직분은 교회를 세워 가는 데 없어서는 안 되는 요소입니다.

본문에서 사용된 '일'이라는 표현에는 수고, 노력, 애씀, 섬김의 개념이 포함되어 있습니다. 본문의 개념에 따르면 직분자는 사람보다 일에 더 많이 관심을 가져야 합니다. 이 대목에서 우리는 '사람 중심이냐, 일 중심이냐'라는 이분법적 생각을 극복해야 합니다. 직분은 일을 위해 존재하고, 일은 사람을 위해 존재하기 때문입니다. 일은 수단이고, 사람은 목적입

---

* 이성호, "선행교리에 대한 개혁신학의 변증", 『한국개혁신학』(2009): 273-300.

니다. 따라서 직분자는 자신이 하고 있는 일이 성도를 올바르게 세우고 있는지를 늘 점검해야 합니다.

본문에서 선한 일이 구체적으로 무엇인지는 밝히고 있지 않습니다. 바울 서신 전체를 보더라도 선한 일이라는 표현이 자주 등장하지만 그것이 구체적으로 무엇인지는 잘 나타나 있지 않습니다. 이것은 바울이 선행이라는 표현을 특별한 의미가 아니라 누구나 알고 있는 개념으로 사용했음을 의미합니다. 따라서 선한 일은 도덕적으로 선한 일을 가리킨다고 보는 것이 자연스럽습니다.* 바울에 따르면 감독은 선한 일을 사모해야 합니다. '사모'라는 표현은 때론 성적인 욕망을 의미할 정도로 강력한 단어입니다. 어떻게 보면 모든 성도는 선한 일을 사모해야 하고 그것을 삶에서 실천해야 합니다. 하물며 그들을 다스리는 감독이라면 다른 성도보다 훨씬 더 선한 일을 사모해야 합니다.

---

* I. Howard Marshall, *The Pastoral Epistles*, *The International Critical Commentary*(Edinburgh: T&T Clark, 1999), 227-229. 디모데전서 5장 10절은 (한 남편의 아내였던) 과부로 명부에 오를 만한 여인의 자격에 대해 다음과 같이 기록하고 있다. "선한 행실의 증거가 있어 혹은 자녀를 양육하며 혹은 나그네를 대접하며 혹은 성도들의 발을 씻으며 혹은 환난당한 자들을 구제하며 혹은 모든 선한 일을 행한 자라야 할 것이요."

책망할 것이 없음: 검증의 중요성

'선한 일을 사모해야 한다'는 큰 원리를 제시한 바울은 감독의 자격을 구체적으로 하나하나 제시하기 시작합니다. 우리가 이런 자격에 대해 알아야 하는 이유는 후보자가 감독으로 적합한지 검증해야 하기 때문입니다. 직분자는 단지 열정이나 능력 또는 인기로 선출되어서는 안 됩니다. 적어도 성경이 제시하는 자격을 갖춘 사람이 직분자로 선출되어야 하나님의 교회가 든든히 세워져 갈 수 있습니다.

감독이 갖추어야 하는 첫 번째 자격은 책망할 것이 없어야 한다는 것입니다. 이것은 감독이 어떤 죄도 없어야 한다는 의미가 아닙니다. 디모데전서 3장 10절에 근거해 유추해 보면 책망은 검증과 관련이 있습니다. 집사와 마찬가지로 감독을 세우기 전에 먼저 시험을 해보고 책망할 것이 없어야 합니다. 직분을 세울 때 검증은 대단히 중요한 과정입니다. 오늘날 한국 교회에서는 이런 검증을 생략하는 경우가 많습니다. 대표적인 예가 '시키면 잘하겠지'라는 막연한 믿음입니다. 하지만 직분자는 막연한 믿음이 아니라 구체적인 자격 검증을 통해 세워야 합니다. 특별히 감독이 하는 일 중 하나가 다른 사람으로 하여금 책망할 일이 없도록 하는 것이므로* 이 자격은 대단히 중요합니다. 다른 사람을 책망해야 하는 사람이 오히려 책망받을 상황에 처해 있다면 자신의 직무를 제대로 수행할 수 있겠습니까?

디모데전서 3장 7절 말씀은 직분에 대한 검증이 얼마나 중요한지 강조하고 있습니다. "또한 외인에게서도 선한 증거를 얻은 자라야 할지니 비방과 마귀의 올무에 빠질까 염려하라." 바울은 교회 회원뿐만 아니라 불신자에게도 '선한 증거'를 얻은 자여야 한다고 요구합니다. 쉽게 말해 교회의 목사나 장로가 되려면 불신자의 추천도 있어야 한다는 의미입니다. 이 구절만 보아도 직분자를 선정할 때 검증이 얼마나 중요한지를 알 수 있습니다. 교회 밖에서도 인정받는 사람이라면 직분자로서 정말 훌륭하다고 인정할 수 있을 것입니다.

특별히 장로 교회에서 감독은 당회의 회원이 됩니다. 당회만이 성도를 권징할 수 있습니다. 권징이란 드러난 성도의 죄에 대해 교회가 벌하는 것입니다. 따라서 감독은 도덕성에서 다른 회원보다 훨씬 높은 수준에 있어야 합니다. 그렇지 않다

---

* "네가 또한 이것을 명하여 그들로 책망받을 것이 없게 하라"(딤전 5:7). 여기서 "그들"은 참 과부가 아닌 자들을 가리킨다.

면 어떻게 다른 회원이 당회의 결정을 신뢰하고 따를 수 있겠습니까? 감독은 자신부터 점검하고 다스려 다른 사람에게 책망받을 일이 없도록 해야 합니다.

이 일에서 성경의 중요성을 다시금 언급해야겠습니다. 유명한 디모데후서 3장 16-17절 말씀입니다. "모든 성경은 하나님의 감동으로 된 것으로 교훈과 책망과 바르게 함과 의로 교육하기에 유익하니 이는 하나님의 사람으로 온전하게 하며 모든 선한 일을 행할 능력을 갖추게 하려 함이라." 여기서 말하는 "하나님의 사람"이란 구약에서는 선지자를 의미하며, 신약에서는 말씀의 봉사자, 즉 목사를 의미한다고 보아야 합니다. 이와 같이 감독은 자기 자신부터 먼저 교훈을 깨닫고 책망을 받으며, 자신을 올바로 교정하여 바른 길로 가야 합니다. 그럴 때 감독은 모든 선한 일을 행할 수 있는 자격을 갖추게 될 것입니다. 결국 감독은 성경의 사람이 되어야 합니다.

한 아내의 남편, 자녀를 잘 다스리는 자: 가정 생활의 중요성

감독이 되기 위해 검증받아야 하는 두 번째 자격은 가정 생활입니다. 본문에 따르면 가정 생활에서 감독은 아내와 자녀에 대해 타인에게 모범이 되어야 합니다. 감독은 한 아내를 두어야 하고 자녀를 잘 다스려야 하는데, 이 두 가지는 서로

무관하지 않습니다.

먼저 감독은 한 아내의 남편*이 되어야 합니다. 그 당시에는 현대 사회와는 달리 일부다처제가 허용되었습니다. 그래서 교회의 회원 중에는 아내를 여럿 둔 사람이 있었을 것입니다. 이들이 교회의 회원은 될 수 있지만 회원을 다스리는 감독은 되어서는 안 된다는 것이 바울의 가르침입니다.

또한 감독은 자녀들로 하여금 모든 공손함**으로 복종하게 하는 자여야 합니다. 이에 대한 사도 바울의 논리는 간단합니다. 자기 집을 다스리지 못하는 사람이 어떻게 하나님의 교회를 돌아볼 수 있겠느냐는 뜻입니다.

물론 우리는 구약의 족장들이 아내를 여럿 두고서도 믿음의 가정을 이룬 것을 알고 있습니다. 하지만 이것이 오늘날 신약 교회의 감독을 위한 모델이 되어서는 안 됩니다. 한 가정에 아내가 둘 이상 있을 때 가족 구성원 사이의 갈등은 상상을 초월합니다. 이런 가정의 가장은 교회를 돌아볼 정신적인

---

* 어떤 교부들은 이 구절에 근거해 재혼한 사람은 감독이 될 수 없다고 주장했다. 하지만 이 문제에 대해 교부들의 의견이 일치한 것은 아니다. 피터 고데이, 『교부들의 성경주해: 신약성경 XI』, 287.
** 여기에 사용된 헬라어 셈노테스(σεμνότης)는 위엄이나 존경을 뜻한다. 영어로는 dignity.

여유가 없습니다. 교회가 아니라 아내를 잘 돌보는 것이 그의 일입니다. 마찬가지로 자녀들이 아버지를 두려워하지 않고 그의 말에 순종하지 않으면, 그 아버지는 교회를 제대로 돌아볼 여유가 없습니다.

가정을 다스리는 일에서 가정예배의 중요성을 말하지 않을 수 없습니다. 감독은 말씀을 통해 교회를 다스리는 자입니다. 그렇다면 당연히 가정에서 먼저 그 일을 잘해야 합니다. 가정예배는 그 일을 구체적으로 실천하는 현장입니다. 집에서 가정예배를 통해 경건을 실천하지 않는 사람은 교회를 제대로 돌보기가 어렵습니다. 제대로 돌보려고 애쓴다 해도 그것은 하나님께서 기뻐하시는 일이 아닙니다. 우리나라의 경우 예전에 많은 목사들이 가정을 제대로 돌보지 못하고 오직 교회를 위해 헌신했습니다. 그들의 수고와 헌신 덕분에 교회는 성장했지만, 그 부인과 자녀들은 고통스럽게 살아야 했습니다. 그것이 정말 하나님께서 기뻐하시는 일일까요? 교회를 든든히 세우는 좋은 방법은, 가정예배를 통해 아내와 자녀를 잘 다스리는 자를 교회를 돌보는 감독자로 세우는 것입니다.

절제와 근신: 분별력의 중요성

**세 번째로 검증해야 하는 기준은 절제와 근신입니다. 여기서 절제와 근신이 정확하게 무엇을 의미하는지는 모호합니다. 이 두 단어는 기본적으로 뜻이 유사하지만 약간 차이가 나기도 합니다. 절제에 해당하는 헬라어는 '네팔리오스'인데 목회서신에만 나옵니다. 이 단어는 기본적으로 술에 취한 상태나 잠을 자는 상태와 반대되는 의미로 사용됩니다.* 따라서 절제를 "자신의 행동에 대해 깨쳐 돌아보고 살핀다"는 의미의 경성(警省)으로 번역하면 이해하기 쉽습니다.

감독은 양무리를 돌보는 사람입니다. 감독은 목자로서 항상 깨어 있어야 합니다. 양들을 수시로 공격하는 사탄의 무리 때문입니다. 이 점에서 감독은 구약의 선지자와 마찬가지로 파수꾼과 같다고 할 수 있습니다. 감독은 늘 깨어 있으면서 양들에게 다가오는 위험을 살펴야 합니다.

감독의 자격 중 하나가 술을 즐기지 않는 것이라고 3절은 정확하게 규정하고 있습니다. 다행스럽게도 한국 교회에서 술

---

* "그러므로 우리는 다른 이들과 같이 자지 말고 오직 깨어 정신을 차릴지라(살전 5:6), "근신하라 깨어라 너희 대적 마귀가 우는 사자같이 두루 다니며 삼킬 자를 찾나니"(벧전 5:8). 절제가 술과 관련되어 있다는 것은 딤전 3:11과 딛 2:3을 비교하면 유추할 수 있다. 전자에 따르면 여자가 지녀야 하는 덕목은 1) 단정, 2) 참소를 안 함, 3) 절제이고, 후자에 따르면 늙은 여자가 지녀야 하는 덕목은 1) 행실의 거룩, 2) 참소를 안 함, 3) 술의 종이 되지 않음이다. 단정과 행실의 거룩을, 절제와 술의 종이 되지 않음을 서로 연결시킬 수 있다.

은 목회자에게 금기 사항입니다. 적어도 보수적인 교회의 목사가 술을 공개적으로 마시는 경우는 없습니다. 오히려 그런 이유로 이 부분에 대한 교훈에 별로 관심을 갖지 않을 위험이 있습니다. 여기서는 술을 마시는 것 자체를 나쁘게 보았다기보다, 감독인 자가 술을 즐기면 언제 닥칠지 모르는 교회의 적들에 대해 느슨해지는 것을 경계합니다. 한국 교회의 목사는 술을 마시지 않지만 그렇더라도 깨어 경성하지 않는다면 술에 취한 것과 다르지 않습니다. 술이 아니더라도 목회에 전념하지 못하게 방해하는 것들이 얼마나 많습니까? 그런 것들에 심취하여 정신이 팔려 있다면 그 사람은 감독으로서 자격 미달입니다.

    감독에게 필요한 또 하나의 자격은 근신입니다. 이 단어는 앞에 나온 절제와 달리 성경의 여러 곳에서 사용되었습니다. 근신에 해당하는 헬라어 단어는 '소프론'인데, '말이나 행동을 삼간다'는 우리말 정의와는 거리가 있습니다. 이 단어는 특별히 디도서 2장에 자주 등장합니다. 디도서 2장은 목사가 성도를 대상으로 제자훈련을 할 때 따라야 할 구체적인 지침을 제공합니다. 각 성도의 연령에 따라 훈련이 구분됩니다. 2절은 나이든 남자에 대한 훈련, 3-5절은 나이든 여자에 대한 훈련, 6-8절은 젊은 남자에 대한 훈련으로 구분됩니다.

흥미롭게도 세 그룹 모두가 지녀야 할 공통의 덕목이 있습니다. 바로 '근신'입니다. "늙은 남자로는…근신하며"(2절). "젊은 여자들을…근신하며"(5절). "젊은 남자들을…근신하게 하되"(6절). 마지막에는 모든 사람에게도 "근신함"을 권면하고 있습니다(12절, 이상 개역한글). 간단히 말해, 감독은 성도들로 하여금 근신하게 하는 임무를 맡은 자입니다. 당연히 본인이 근신하는 사람이 아니라면 어떻게 다른 사람에게 근신하도록 할 수 있겠습니까? 따라서 근신은 감독이 갖추어야 하는 자격입니다.

그런데 여기서 말하는 근신이 무슨 의미인지 궁금합니다. 본문만 보아서는 구체적인 의미를 파악할 수 없습니다. "근신하며"라는 권면만 있고 무슨 의미인지 설명하지 않아 문맥을 통해 파악하기도 어렵습니다. 성경의 다른 곳을 살펴 그 의미를 유추할 수 있을 뿐입니다. 이 단어는 마가복음 5장 15절[*]과 누가복음 8장 35절[**]에서 사용되었는데, '귀신 들림'과 '소

---

[*] "예수께 이르러 그 귀신 들렸던 자 곧 군대 귀신 지폈던 자가 옷을 입고 정신이 온전하여 앉은 것을 보고 두려워하더라"(막 5:15).
[**] "사람들이 그 이루어진 일을 보러 나와서 예수께 이르러 귀신 나간 사람이 옷을 입고 정신이 온전하여 예수의 발치에 앉아 있는 것을 보고 두려워하거늘"(눅 8:35). 막 5:15와 더불어 이 구절은 같은 사건을 가리킨다.

프론'이 대비되고 있습니다. 또 고린도후서 5장 13절*에도 비슷하게 사용되었는데, '미친 것'과 '소프론'이 대비되고 있습니다. 따라서 소프론이라는 단어가 담고 있는 핵심 개념은 '정신의 온전함'입니다.

베드로전서 4장 7절은 그 의미를 보다 분명하게 전해 주고 있습니다. "만물의 마지막이 가까이 왔으니 그러므로 너희는 정신을 차리고 근신하여 기도하라". 이 구절에 따르면 근신은 1) 종말론적인 성도의 덕목이고, 2) 정신을 차리는 것과 밀접한 관계가 있으며, 3) 기도하기 위한 중요한 조건입니다. 감독은 지금이 마지막 때인 것을 잊지 않으며 정신을 차리고 기도에 전념하는 사람입니다.

근신에 대해 가장 좋은 지침을 제공해 주는 구절은 로마서 12장 3절입니다. "내게 주신 은혜로 말미암아 너희 각 사람에게 말하노니 마땅히 생각할 그 이상의 생각을 품지 말고 오직 하나님께서 각 사람에게 나누어 주신 믿음의 분량**대로

---

* "우리가 만일 미쳤어도 하나님을 위한 것이요 정신이 온전하여도 너희를 위한 것이니"(고후 5:13).
** 개인의 은사에 따른 믿음의 분량(3절)과 객관적 기준이 되는 믿음의 분수(6절)를 구별해야 한다. 김진홍, 『오직 하나님의 메시지만 선포하라』(꿈트리, 2011), 30-32.

지혜롭게 생각하라." 이 구절에서 소프론은 "지혜롭게 생각하라"로 번역되었습니다. 즉 소프론은 "마땅히 생각할 그 이상의 생각"과 대비되는 개념입니다. 종합해 보면, 근신은 '분별력' 혹은 '주제 파악'에 가까운 의미임을 알 수 있습니다. 이것은 나이가 들었든 어리든 상관없이 모든 사람에게 필요한 덕목입니다. 특히 말세에 이르러 세상이 혼미한 가운데 살아가는 모든 그리스도인에게 필요한 덕목입니다.

환대와 가르침

사도 바울이 네 번째로 언급하는 감독의 자격은 나그네를 잘 대접하는 것(문자적으로는 나그네를 좋아하는 것)입니다. 여기서 말하는 나그네란 일반적인 의미의 나그네도 있지만 특별히 순회 복음 전도자를 가리킵니다. 당시에는 아직 지역 교회가 뿌리내리기 전이라 여러 곳을 순회하던 전도자들이 많았습니다. 이들을 대접하는 것은 교회와 모든 성도가 감당해야 하는 의무였습니다(벧전 4:9).* 당연히 감독은 나그네를 환대하는 일에서도 일반 성도보다는 나아야 했습니다.

오늘날 목사들이 대접하는 사람이 아니라 대접받는 사람

---

* "서로 대접하기를 원망 없이 하고"(벧전 4:9).

으로 바뀌어 가고 있는 것은 안타까운 일입니다. 특히 나이가 들수록 대접받는 것에 익숙해져 가는 것이 현실입니다. 그러나 본문에서 밝히고 있듯 '환대'는 감독이 갖추어야 하는 중요한 자격입니다. 감독이 되고 싶은데 나그네 대접하기를 싫어한다면 그 사람은 감독이 되어서는 안 됩니다.

사람을 환대하는 일이 쉽지는 않습니다. 잘 모르는 사람을 접대하는 경우 여간 신경 쓰이는 게 아닙니다. 인품이 탁월할수록 이런 일을 잘 감당할 수 있습니다. 무엇보다 나그네를 환대하려면 평소 사람 만나는 것을 좋아해야 합니다. 사람 만나는 것을 좋아하지 않는다면 어떻게 환대할 수 있겠습니까? 하더라도 형식적인 환대에 그칠 뿐입니다. 목사 중에는 설교만 잘하면 된다는 생각으로 책에 파묻혀 지내는 이들이 있습니다. 심방이나 새 신자를 맞이하는 것을 별로 중요하게 여기지 않습니다. 그런 교회는 성도의 교제가 형식적으로 이루어져 제대로 성장하기 어렵습니다.

환대가 교회 성장에 얼마나 중요한지 예를 들어 보겠습니다. 제가 유학하던 시절에 교회를 정하기 위해 여러 곳을 둘러본 적이 있습니다. 모두가 정통 개혁 신학을 추구하는 교회였습니다. 설교를 포함해 모든 면이 훌륭했습니다. 아무 교회나 정해도 신앙생활을 하기에 부족함이 없어 보였습니다. 그러나 저는 여러 교회 중에서 별 고민 없이 한 교회를 정할 수 있었습니다. 오직 한 곳의 목사님만이 저를 집으로 초대하여 환대해 주셨기 때문입니다.

다섯 번째로, 환대에 이어 갖추어야 하는 감독의 자격은 잘 가르치는 것입니다. 교회에서 가르치는 것은 세상 학문을 가르치는 것과는 다릅니다. 복음을 잘 가르치기 위해서는 삶의 모범을 통해 보여 주어야 합니다. 요한복음에서 강조하듯 영접하는 것이야말로 복음의 핵심을 잘 담고 있습니다. 감독은 그리스도께서 원수였던 우리를 영접하셨다는 사실을 환대하는 삶의 모범을 통해 성도에게 가르쳐야 합니다. 말로는 잘 가르치는데 행동으로는 보여 주지 못한다면, 그 사람은 가르치는 은사가 있다고 할 수 없습니다.

멀리할 것들: 술을 즐김, 구타, 다툼, 돈을 사랑함, 교만

바울은 디모데에게 감독이 갖추어야 하는 자격뿐만 아니라 있어서는 안 되는 조건에 대해서도 말합니다. 술을 즐김, 구타, 다툼, 돈을 사랑함, 교만입니다. 이런 부정적인 조건은 앞에서 언급한 긍정적인 자격들과 대조를 이룹니다. 예를 들어 절제는 술을 즐김과 반대되는 개념이고, 환대는 돈을 사랑함과 대조를 이룹니다. 자세히 살펴보면 이 모든 부정적인 요소

들은 교회에 분란을 일으키고 결국 교회를 무너뜨린다는 공통점이 있습니다.

술과 구타와 다툼은 기본적으로 연결된 개념이라는 것을 경험으로 알 수 있습니다. 술이 지나친 곳에 다툼이 있고, 다툼이 깊어지면 구타로 이어집니다. 술은 분별력을 앗아 갑니다. 분별력을 잃으면 말을 함부로 하게 됩니다. 속에 있는 생각과 분노가 그대로 드러납니다. 이것이 상대방의 마음을 상하게 하고 다툼이 일어납니다. 꼭 술이 아니더라도 감독은 분별력을 잃게 만드는 어떤 것도 가까이해서는 안 됩니다.

다툼과 구타가 일어나는 근본적인 이유는 자기 생각이 옳다고 여겨 힘으로 관철하려 하기 때문입니다. 이에 대해 사도 바울은 디도서에서 잘 설명하고 있습니다. 감독이 되려면 자기 고집대로 해서는 안 됩니다(딛 1:7).* 이것은 특별히 장로교 정치에서 대단히 중요합니다. 감독 정치와 달리 장로 교회의 정치는 한 사람이 아니라 다수의 회에 의해 이루어집니다. 이런 이유로 장로 교회에서는 한 사람의 판단이 아니라 다수의 의견을 조율하는 것이 중요합니다. 자기 고집대로 하려는 것

---

* "감독은 하나님의 청지기로서 책망할 것이 없고 제 고집대로 하지 아니하며 급히 분내지 아니하며 술을 즐기지 아니하며 구타하지 아니하며 더러운 이득을 탐하지 아니하며"(딛 1:7).

은 감독으로서 심각한 결격 사유입니다. 이것이 남을 낮게 여기는 덕목을 지닌 사람이 감독이 되어야 하는 이유입니다.

여기에 열거된 부정적인 조건들은 성도들이 장로를 선출하는 과정에서 유익한 지침이 될 것입니다. 장로 후보가 된 사람들을 잘 살펴보기 바랍니다. 자기 고집대로 하는 사람인가, 아니면 다른 사람들과 의견을 잘 조율하는 사람인가? 어떤 부서에 들어갔을 때 화목을 이루는 사람인가, 아니면 분쟁을 일으키는 사람인가? 구타까지는 아니더라도 쉽게 분을 내고 언성을 높인다면 장로로 섬기기에 중대한 문제가 있습니다. 이런 사람들의 공통된 특징은 남의 말을 듣지 않는다는 것입니다. 잠언서에 따르면 이는 전형적으로 미련한 자의 특징입니다.

이 모든 부정적인 조건들을 극복하는 덕목은 '관용'입니다. 관용이라고 번역되는 '에피에이케스'라는 단어의 기본 의미는 참고 인내하는 것입니다. 교회를 튼튼하게 세우려면 분노를 참을 수 있어야 하고, 동시에 다른 사람에게서 나오는 분노도 참을 수 있어야 합니다. 쉽지 않은 일이지만 감독이 되려는 사람은 이 점에서 다른 사람보다 탁월해야 합니다. 교회의 화평이 깨지고 다툼으로 들어가는 순간, 교회의 성장은 불가능해집니다. 작은 교회일수록 더욱 그렇습니다.

교만 역시 교회를 다툼으로 몰아갑니다. 잠언 13장 10절*에서 말하듯 교만이 있는 곳에는 다툼이 일어납니다. 바울은 새로 입교한 사람을 감독으로 세워서는 안 된다고 말하면서 그 이유가 교만 때문이라고 지적합니다. 감독이라는 자리 자체가 사람을 교만하게 만들 수 있습니다. 다른 사람을 돌보다 보면 자신도 모르게 우월감을 가질 수 있습니다. 그런 교만이야말로 교회 안에 분란을 일으킵니다. 교회는 겸손으로 세워지는 공동체라는 것을 늘 기억해야 합니다.

감독은 나그네를 대접하는 사람이므로 돈을 사랑해서는 안 됩니다. 돈을 사랑한다는 것은 욕심이 많다는 의미입니다. 감독이 되면 교회에서 재정에 대한 권한을 갖게 됩니다. 그 권한을 잘 사용하면 성도에게 유익을 주지만 그렇지 않으면 자신의 사욕을 채우게 됩니다. 이사야 56장 11절은 그와 같은 직분자들을 탐심이 가득한 개에 비유하며 "탐욕이 심하여 족한 줄을 알지 못하는 자들이요 그들은 몰지각한 목자들이라 다 제 길로 돌아가며 사람마다 자기 이익만 추구[한다]"고 신랄하게 비판합니다. 예수님은 이 말씀을 그대로 인용하여 성

---

* "교만에서는 다툼만 일어날 뿐이라 권면을 듣는 자는 지혜가 있느니라"(잠 13:10).

전에서 물건을 사고 파는 이들에게 적용하셨습니다(막 11:17).*
이런 일들은 이후 교회 역사에서 반복되고 있습니다. 디모데
전서 6장 10절이 가르치듯 "돈을 사랑함이 일만 악의 뿌리"
라는 것을 모든 직분자는 명심해야 합니다.

집사의 자격

바울은 디모데에게 감독인 목사의 자질에 대해 언급한 다음 집사의 자질에 대해서도 말합니다. 집사가 갖추어야 하는 자격의 목록을 보면, 감독과 집사 두 직분 사이에 큰 차이가 없습니다. 대표적인 예로 집사도 감독처럼 한 아내의 남편이어야 하고, 자녀와 자기 집을 잘 다스리는 자여야 합니다.

집사에게 감독과 본질적으로 다른 특별한 자질을 요구하지 않는다는 것은 감독과 집사의 직분을 이해하는 데 매우 중요합니다. 그것은 바로 감독과 집사가 서로 (지위나 계급에 따른) 위계 관계에 있지 않음을 보여 줍니다. 적어도 초대 교회

---

* "이에 가르쳐 이르시되 기록된 바 내 집은 만민이 기도하는 집이라 칭함을 받으리라고 하지 아니하였느냐 너희는 강도의 소굴을 만들었도다 하시매"(막 11:17).

시대에는 감독이 집사보다 더 높다는 생각이 존재하지 않았습니다. 초대 교회에서 감독과 집사는 서로 동역하며 각자의 직무에 충실했을 뿐입니다. 아쉽게도 이와 같은 동역의 관계는 시간이 지나면서 점점 상하 관계로 바뀌어 갔고, 종교 개혁 시대에 와서야 회복될 수 있었습니다. 종교 개혁이 회복시킨 이와 같은 직분론이 오늘날 한국 교회에서 상당히 약화된 것은 매우 안타까운 일입니다.

구제하는 자

집사라는 용어는 기본적으로 '섬기는 자'라는 의미가 있습니다. 집사가 감당해야 하는 고유한 직무 중 중요한 한 가지는, 성도가 주님께 바친 헌금을 가난한 자들에게 공적으로 나누어 주는 것입니다.

사도행전 6장에 보면 초대 교회는 말씀을 전하는 일과 구제하는 일 두 가지에 힘썼습니다. 교회가 성장하고 회원이 늘면서 예상치 못한 갈등과 불만이 생기고 그 일을 열두 사도가 오롯이 감당하기에는 너무 벅차게 되자, 논의 끝에 구제 사역을 전담하는 사람들을 선출하기로 결정했습니다.

로마서 12장 8절*에 보면 "구제하는 자"라는 표현이 등장하는데 이것이 집사의 직무를 나타냅니다. 구제하는 자에게 요구되는 자질은 "성실함"입니다. 이 단어(헬라어 '하플루스')는 기본적으로 너그러움이나 후함을 의미합니다. 간단히 말해 집사는 그리스도를 대신해 가난한 자들에게 자비의 사역을 베푸는 자이고, 이 직무를 제대로 감당하려면 넉넉하고 아낌없이 베풀 줄 아는 후함이 필요하다는 것입니다.

아쉽게도 오늘날 한국 교회에서 이 고귀한 집사의 직무가 무시되거나 소홀히 여김을 받고 있습니다. 집사는 구제하는 일보다 교회의 온갖 일을 도맡아 처리하는 관리인에 가깝습니다. 그런 일이 중요하지 않다는 것이 아니라 집사의 고유한 직무가 아니라는 것입니다. 교회의 헌금이 구제 사역에 쓰이기보다 교회 건물을 짓고 유지하거나 각종 행사에 쓰이는 것도 문제입니다. 지금은 헌금이라고 부르지만 예전에는 연보(捐補)라는 용어를 썼는데, "하나님께 드린다"는 의미보다는 "가난한 자들을 돕는다"는 의미가 컸습니다.

봉헌에 이와 같은 의미가 있기 때문에 개혁 교회에서는 반

---

* "혹 위로하는 자면 위로하는 일로, 구제하는 자는 성실함으로, 다스리는 자는 부지런함으로, 긍휼을 베푸는 자는 즐거움으로 할 것이니라"(롬 12:8).

드시 (안수) 집사들이 예배 시간에 봉헌 순서를 돕습니다. 그러나 봉헌의 의미가 약화된 탓에, 또는 제대로 가르치지 못한 결과, 예배 시간에 봉헌 순서가 점차 사라지고 있습니다. 헌금함이 봉헌을 대신하게 되면서 예배 시간에 봉헌 순서를 담당하는 직분자도 차츰 필요 없게 되었습니다.

돈을 다루는 자

성도가 드린 헌금을 구제 사역을 위해 사용하는 집사의 직무를 고려할 때, 우리는 사도 바울이 언급한 집사의 자질 중에서 몇 가지에 주목하게 됩니다. 사도 바울에 따르면 집사는 일구이언을 해서는 안 되며 더러운 이를 탐하는 자가 되어서도 안 됩니다(딤전 3:8). 집사의 직무는 기본적으로 교회의 재정을 다루는 것입니다. 따라서 집사는 정직해야 하며 사사로운 이익을 추구해서는 안 됩니다. 돈을 다루는 사람이 정직하지 못하거나 자기의 이익을 도모한다면 성도가 주님께 드린 거룩한 헌금이 어떻게 되겠습니까? 회계를 맡은 가룟 유다가 예수님을 어떻게 팔아넘겼는지 잘 알지 않습니까? 오늘날에도 적지 않은 교회가 사사로운 이익을 추구하는 이들 때문에 어려움을 겪고 있습니다.

집사는 또한 술을 즐기지 않아야 하는데 (장로가 갖추어야 하는 자질에서도 언급했듯) 이는 단지 술에 빠지지 않는 것을 의미한다기보다는, 언제 어떻게 교회에 위기가 닥칠지 모르는 상황에 대비하여 항상 깨어 있고 경성하며 온전한 정신으로 분별력을 잃지 않는 것을 의미합니다.

지혜로운 자

집사의 자격 중에서 특별히 눈여겨볼 것은 지혜입니다. 사도행전 6장에 기술된 초대 교회의 상황을 보면, 구제를 담당해야 한다는 이유로 재산이 많은 사람을 집사로 뽑지 않았습니다. 교회의 구제는 돈으로만 하는 일이 아니기 때문입니다. 그렇다고 그저 신앙이 좋은 사람을 뽑은 것도 아닙니다. 신앙이 좋은 것은 바람직하지만 신앙이 좋다고 해서 꼭 직분자가 되어야 하는 것은 아닙니다. 많은 성도들이 이 부분을 오해하고 있는 것 같습니다. '저 사람은 신앙이 좋으니, 오랫동안 신앙생활을 했으니 직분자로 뽑아야 한다'는 생각 말입니다. 그러나 초대 교회 성도들은 지혜가 충만한 사람을 직분자로 뽑았습니다.

직분자에게 왜 지혜가 중요할까요? 지혜 있는 자의 특성은 갈등을 해결하는 데서 드러납니다. 교회에 문제가 일어났을 때 해결이 안 되는 이유는 믿음이 없기 때문이 아닙니다.

사실 우리만큼 믿음에 열심을 내는 나라도 없습니다. 매일 새벽기도를 하고, 수요 예배와 금요 기도회에 참석하고, 구역 예배도 거르지 않고, 십일조와 봉사도 빠뜨리지 않습니다. 다른 나라의 교회에서는 찾아보기 힘든 열심입니다. 그런데도 왜 다툼이 해결되지 않는 걸까요? 지혜 있는 자가 부족하기 때문은 아닐까요?

지혜는 공부를 많이 한다고 생기지 않습니다. 오래 살았다고 생기지도 않습니다. 나이가 많음에도 불구하고 지혜는커녕 악한 생각으로 가득한 사람을 많이 보지 않습니까? 지혜는 우리 스스로 구할 수 있는 것이 아닙니다. 성경은 지혜가 하나님의 선물이라고 선언합니다. 야고보 사도는 "너희 중에 누구든지 지혜가 부족하거든 모든 사람에게 후히 주시고 꾸짖지 아니하시는 하나님께 구하라 그리하면 주시리라"(약 1:5)고 권면했습니다. 한국 교회에 지혜 있는 자가 부족한 것은 교회가 하나님께 지혜를 구하지 않기 때문이고, 교회가 지혜를 구하지 않은 것은 지혜가 교회를 건강하게 세워 가는 데 얼마나 중요한지 모르기 때문입니다. 지혜는 모든 갈등을 해결합니다.

먼저 시험하여

사도 바울은 집사를 세우기 전에 챙겨야 할 중요한 사실 하나를 언급합니다. "먼저 시험하여 보고 그 후에 책망할 것이 없[어야]" 한다는 것입니다(딤전 3:10). 이것은 새로 입교한 자를 감독으로 세우지 말라는 것과 맥을 같이합니다(딤전 3:6). 바른 직분자를 세우기 위해서는 일반적으로 네 가지 과정을 거쳐야 합니다.

1) 선출
2) 시취* 혹은 검증
3) 서약
4) 임직

오늘날에는 아쉽게도 시취를 비롯한 이 모든 과정이 형식에 그치고 있습니다. 장로 교회의 경우 집사 고시는 당회에서, 장로 고시와 목사 고시는 노회에서 주관하는데 특별히 집사의 검증이 제대로 이루어지지 않고 있습니다.

그러다 보니 자질이 부족한 집사가 교회 안에 많이 세워지고 있습니다. 검증에 실패했다는 점에서는 목사와 장로도 특별히 달라 보이지 않습니다. 다시 한 번 강조하지만 직분자의

---

* 시취(試取): 시험을 치러 인재를 뽑음.

수가 많다고 좋은 것이 아닙니다. 직분자는 교회에 필요한 만큼만 세워야 합니다. 이를 위해 직무 중심의 직분론이 확립되어야 합니다. 직무의 성격을 명확히 이해하고, 필요한 직분자의 수를 확정하며, 직무에 맞는 은사를 확인하고, 직무에 맞는 자격을 갖춘 자를 선출한 다음 철저한 검증, 엄숙한 서약, 거룩한 임직을 통해 충성스러운 직분자로 세워야 합니다.

지금까지 감독과 집사의 자격에 대해 다루었습니다. 여기서 자세하게 다루지 않은 부분까지 정리하여 보기 쉽게 표로 만들어 보았습니다. 참고하시기 바랍니다.

소명과 은사

직분자를 세우는 일과 관련해 기억해야 하는 진리가 있습니다. 그리스도께서 교회의 머리가 되신다는 것입니다. 그리스도는 교회가 건강하게 자라도록 직분이라는 제도를 직접 마련하시고, 성도의 투표를 통해 직분자를 부르시며, 직분자로서 섬기는 데 필요한 은사를 친히 공급하심으로 맡겨진 직분에 합당한 직무를 수행하게 하십니다. 누구도 그리스도의 부르심 없이 직분을 맡아서는 안 됩니다. 이에 대해 벨직신앙고

장로 (감독)의 자격과 덕목	책망할 것이 없음(딤전 3:2, 딛 1:6-7) 한 아내의 남편(딤전 3:2, 12, 딛 1:6) ● 절제함(딤전 3:2, 11, 딛 1:8) ● 신중함(개역한글은 "근신함")(딤전 3:2, 딛 1:8) 단정함(딤전 3:2, 8) ● 나그네를 대접함(딤전 3:2, 딛 1:8) 가르치기를 잘함(딤전 3:2, 5:17, 딛 1:9) 술을 즐기지 않음(딤전 3:3, 8, 딛 1:7) ● 구타하지 않음(딤전 3:3, 딛 1:7) 관용함(딤전 3:3) 다투지 않음(딤전 3:3) 돈을 사랑하지 않음(딤전 3:3) 자기 집을 잘 다스림(딤전 3:4, 12) ● 순종하는 믿음의 자녀를 둠(딤전 3:4, 12, 딛 1:6) ● 새로 입교한 자는 안 됨(딤전 3:6) 외인에게도 선한 증거를 얻음(딤전 3:7) 더러운 이를 탐하지 않음(딤전 3:8, 딛 1:7) ● 제 고집대로 하지 않음(딛 1:7) 급히 분내지 않음(딛 1:7) 선행을 좋아함(딛 1:8) 의롭고 거룩함(딛 1:8) 말씀의 가르침을 지킴(딛 1:9)
집사의 자격과 덕목	한 아내의 남편(딤전 3:2, 12, 딛 1:6) ● 절제함(딤전 3:2, 11, 딛 1:8) ● 단정함(딤전 3:2, 8) ● 술을 즐기지 않음(딤전 3:3, 8, 딛 1:7) ● 자기 집을 잘 다스림(딤전 3:4, 12) ● 순종하는 믿음의 자녀를 둠(딤전 3:4, 12, 딛 1:6) ● 일구이언하지 않음(딤전 3:8) 더러운 이를 탐하지 않음(딤전 3:8, 딛 1:7) ● 깨끗한 양심에 믿음의 비밀을 가짐(딤전 3:9) 정숙함(딤전 3:11) 모함하지 않음(딤전 3:11) 모든 일에 충성됨(딤전 3:11)

● 표시는 장로와 집사의 공통 자격

백서 31조는 다음과 같이 선언합니다.

> 모든 사람은 부적절한 방식으로 스스로 직분을 차지하려고 해서는 안 되며, 하나님께서 그를 부르시기를 기뻐하실 때까지 기다려야 한다. 직분자가 될 사람은 부르심에 대한 증거가 있어야 하며, 그 부르심이 주님에게서 온 것이라는 분명한 확신을 가져야 한다.

이 신앙고백서는 교회가 직분자를 세우고 임직하는 일에서 하나님의 부르심에 최종적인 권위가 있음을 분명하게 선언합니다. 이것을 부정하는 그리스도인은 없습니다. 문제는 하나님의 부르심은 눈에 보이지 않는다는 것입니다. 어떻게 직분에 대한 하나님의 부르심을 확인할 수 있을까요?

벨직신앙고백서는 이에 대해 부르심에 대한 '외적인 증거'와 더불어 '내적인 확신'이 필요하다고 선언합니다. 31조는 부르심에 대한 '내적인 확신'만으로 충분하다는 신령주의자들(대표적으로 퀘이커)의 주장뿐만 아니라 부르심에 대한 '외적인 증거', 곧 (하나님의 부르심으로 간주되는) 주교의 임명만으로 충분하다는 로마 가톨릭 교회의 주장도 거부합니다. 개혁파 교회는 언제나 외적인 증거와 내적인 확신, 이 두 가지를 균형 있게 강조합니다.

하나님의 부르심, 곧 소명은 우리 눈에 보이지 않지만 은사는 분별력이 있는 자들의 눈에 보입니다. 따라서 성도는 눈에 보이는 은사를 통해 보이지 않는 하나님의 부르심을 확인해야 합니다.

소명과 은사의 관계를 바르게 이해하는 것이 직분론에서 대단히 중요합니다. 앞에서도 계속 강조했지만 직분자는 직무를 맡은 사람입니다. 직무를 잘하려면 은사가 필요합니다. 예를 들어 목사는 가르치는 자, 곧 교사입니다(엡 4:11). 그러므로 목사가 되려면 가르치는 은사가 필수입니다. 무엇보다 성경을 가르쳐야 하므로 성경을 잘 이해하고 풀어 주는 능력이 있어야 합니다. 목사가 되기 원하는 사람이 다른 영적 자질은 뛰어난데 정작 글을 읽을 줄 모른다면 그는 목사가 될 수 없을 것입니다. 다시 말해, 교회는 직분자로 추천받은 자에게 주어진 하나님의 보이지 않는 부르심을 눈에 보이는 은사로도 판단하면서 선거를 통해 추인합니다. 이렇듯 교회의 투표를 통한 임직 절차에서 외적인 부르심이 확인됩니다.

외적인 부르심과 이를 판단하는 근거가 되는 은사가 직분자를 세우는 데 중요하기는 하지만 절대적이지는 않습니다. 은사가 아무리 뛰어난 사람이라도 내적인 확신이 없다면 직분자로 세워서는 안 됩니다. 내적인 확신이 없는 사람이 직무를 성실하게 감당하기란 쉽지 않습니다. 시간이 지날수록 직분을 하나의 계급이나 벼슬로 여기게 될 수 있습니다. 이런 사람은 직분을 통해 그리스도의 몸을 세우기보다는 자신의 유익을 구하려 할 것입니다. 교회의 수적 성장에 압박을 받는 목사는 은사가 뛰어난 사람을 발견하면 최대한 빨리 직분자로 세우고 싶은 욕심이 생깁니다. 그러나 성급하게 직분자를 세웠다가 문제가 드러났을 때, 교회는 큰 어려움에 빠지게 됩니다.

한 걸음 더 들어가기
회에 의한 치리

직분론과 관련해 종교 개혁이 이룬 열매 중 하나는 '회(會)에 의한 치리'를 확립시켰다는 점입니다. 종교 개혁 이전에는 회가 아니라 한 사람에 의한 치리가 일반적이었습니다. 특별히 주교는 사도권을 계승한 자로 인식되었기에 교회 정치에서 절대적인 위치를 차지했습니다. 주교는 관구 내에 있는 모든 사제에게 절대적인 권한을 행사할 수 있었습니다. 주교만이 견진성사와 출교를 시행하고 사제를 임명할 수 있었습니다. 간단히 말해 종교 개혁 이전의 교회 정치는 왕정이라고 할 수 있습니다. 이런 정치 형태는 교회가 그리스도의 왕국이라는 인식이 있었기 때문에 지지를 받았습니다. 실제로 오늘날에도 이와 같은 인식이 반영된 설교를 하는 이들을 종종 볼 수 있습니다. 교회가 민주적으로 운영될 수도 있다는 생각은 비교적 최근에 이르러서야 받아들여졌습니다.

제도 자체만을 놓고 보면 (한 사람에 의한 것이든, 민주적 절차에 따른 것이든) 어느 한 제도가 절대적으로 옳거나 좋다고 말하기는 쉽지 않습니다. 제도마다 장단점이 있기 때문입니다. 영적으로 탁월하고 훌륭한 사람이 주교에 임명된다면 그 주교가 관할하는 교회는 큰 유익을 얻을 수 있습니다. 그럼에도 불구하고 영국에서 청교도들이 주교제를 최종적으로 거부한 근본 이유는, 개체 교회의 목사는 (주교가 아니라) 그리스도께서 직접 세우신 종으로서 성도를 섬기기 위해 존재한다고 보았기 때문입니다. 주교제 아래에서 개체 교회 목사의 관심은 성도의 삶보다는 주교의 의중에 있을 수밖에 없습니다. 그러므로 주교가 아무리 훌륭하더라도 주교제 자체가 그리스도의 왕 되심을 현저하게 훼손합니다. 성도들은 주교의 뜻에 따라 2-3년마다 정기적으로 교체되는 개체 교회의 목사(신부)를 과연 어떤 시각으로 보게 될까요?

종교 개혁 이후 주교제가 폐지되면서 노회가 지역 교회들을 보살피고, 당회가 개체 교회를 보살피게 되었습니다. 그러나 회에 의한 정치가 제대로 실천되기란 그렇게 쉬운 일이 아니었습니다.

주교제와 관련해 개혁 교회 안에서 회자되는 유명한 일화가 있습니다.* 도르트 총회(1618-1619년)에서 항론파**의 교리에 대해 논의하고자 여러 나라 교회의 대표단이 참석했습니다. 이 회의에서는 교회 정치에 대해 논의하지 않기로 이미 합의를 마친 상태였습니다. 잉글랜드 교회는 주교제를 채택하고 있었기 때문에 총대의 대표로 당연히 조지 칼레튼이라는 주교가 참석했습니다. 칼레튼은 모든 말씀 사역자가 동등하다는 벨직신앙고백서 31조에 문제가 있다며 논란을 제기했습니다. 사역자들의 동등성을 인정한 결과 아무나 교회 회의에서 발언할 권한이 주어졌고, 이것이 네덜란드 교회가 교리적으로 혼란에 빠지게 된 핵심적인 이유라고 주장했습니다. 칼레튼의 주장에 반박할 수 있는 사람이 많이 있었음에도 불구하고 이미 이루어진 합의 때문에 이 문제는 더 이상의 논의나

---

* 여기에 대해서는 다음 책을 참조하라. J. 캄파위스, 『개혁 그리스도인과 신앙고백의 특징』(성약출판사, 2005), 50-53.

** 항론파: 16세기 말 네덜란드 신학자 알미니우스(Arminius, 1560-1609년)가 예정, 구속, 중생에 대한 전통적인 개혁파 교리에 반론을 제기했다. 알미니우스는 많은 지지자를 얻게 되었고, 그가 죽고 난 후 그의 입장을 따랐던 사람들은 그러한 반론을 다섯 가지로 정리하여 발표했는데, 이후로 항론파(Remonstrants)라고 불렸다. 이들로 인해 네덜란드 교회는 극심한 신학 논쟁에 빠지게 되었고, 이 문제를 근본적으로 해결하기 위해 1618년 11월 13일에 도르트에서 개혁파 교회들이 모여 총회를 개최했다. 이 총회에서 항론파는 정죄당했고, 칼빈주의 5대 교리라고 불리는 도르트신경이 확정되어 오늘에 이른다. 더 자세한 내용은 나의 책 『네덜란드 개혁교회 이야기』(그책의사람들, 2015), 98-106을 참조하라.

해결 없이 넘어가고 말았습니다.

칼레튼의 주장이 옳은 것은 아니지만, 그가 지적한 '회에 의한 치리가 안고 있는 문제점'에 대해서는 고민할 필요가 있습니다. 회에 의한 치리는 각 구성원이 동등하다는 사실을 전제로 합니다. 회를 구성하는 모든 구성원이 동등하다면, 이와 같은 정치 제도를 채택하는 경우 (칼빈주의자 호마루스가 지적했듯) '회의에서 중요한 것은 성직의 지위가 아니라 내용의 논지'*입니다. 논지를 정확하게 이해하고 바른 논지에는 순종하겠다는 자세가 없다면 회에 의한 치리는 (칼레튼이 지적했듯) 모든 사람이 한마디씩 떠들어 대는 난장판이 되고 말 것입니다. 따라서 회에 의한 정치를 받아들일 뿐만 아니라 그것을 어떻게 잘 정착시킬 것인지도 함께 고민해야 합니다.

회에 의한 정치는 한 사람의 생각보다는 여러 사람의 합의가 더 낫다는 전제에 기초합니다. 그러나 여러 사람의 합의가 항상 나은 경우만 있는 것은 아닙니다. 예를 들어 저녁 예배 시간 변경을 위해 회의를 소집한다고 해봅시다. 6시와 7시라는 두 의견이 있습니다. 그러면 회의에서는 일반적으로 6시 30분으로 정해질 가능성이 높습니다. 이런 결정이 처음에는

---

* J. 캄파위스, 『개혁 그리스도인과 신앙고백의 특징』, 52.

두 의견을 모두 만족시키는 합의라고 생각할 수 있습니다. 그러나 실제로 시행해 보면 어느 쪽도 만족하지 못하는 반응을 보이기 쉽습니다. 교회에서 이런 결과들이 의외로 많이 나타나는데, 이럴 경우 회에 의한 치리에 대해 일반 성도들은 불신을 가질 수 있습니다.

회에 의한 치리 자체가 꼭 좋은 것만은 아니라는 점을 노회나 총회에 참석해 보면 금방 알 수 있습니다. 한국 장로 교회의 노회와 총회에 가 보면 종종 비효율적인 장면이 연출됩니다. 예를 들어 1천 명이 넘는 회원이 한 자리에 모여 어떻게 심도 있는 회의를 진행할 수 있겠습니까? 사람이 너무 많다 보니 오히려 소수가 발언권을 독점하는 경우도 있습니다. 중요한 자리는 은사나 능력이 아니라 연배에 따라 돌아가면서 한 자리씩 맡는 경우도 빈번합니다.

회에 의한 치리는 회의에 참석하는 사람 모두가 그 회의 주인으로서 함께 책임지는 것을 전제로 하는 제도입니다. 책임 의식이 결여된 사람들이 모여 회의를 진행한다면 의사 진행 및 결정 과정에 신중하기가 어렵고 그 결과에 대해 아무도 책임지려 하지 않을 것입니다. 자기와 직접적인 연관이 없으면 안건에 무관심해지고, 그 안건에 관심을 가진 소수의 그룹이 회의를 주도하게 됩니다. 결국 무관심한 다수가 관심 있는 소수에 의해 끌려 다니게 됩니다. 이것을 근본적으로 막는 방법은 회의에 참석하는 회원들 모두가 저마다 책임 의식을 가지고 의사 진행 및 결정 과정에서 자신의 역할을 다하는 것입니다.

웨스트민스터신앙고백서 제31장은 대회와 공의회가 존재해야 하는 장로교적 원리를 천명하고 있습니다. 공의회는 '교회를 잘 세우고 치리를 보다 낫게 하기 위해' 필요합니다. 단순히 교회의 생존과 지속만 생각한다면 공의회가 반드시 필요한 것은 아닙니다. 그것은 개개의 교회만으로 충분합니다. 실제로 일반 성도는 노회나 총회의 필요성을 직접 느끼지 못하고, 그것 없이도 신앙생활을 얼마든지 할 수 있다고 생각합니다. 그러나 그것은 단편적인 생각입니다. 교회는 늘 사탄의 간계로 분쟁에 휩쓸리며 가난과 궁핍으로 어려움을 겪어 왔습니다. 개체 교회가 말씀 사역자를 홀로 세우는 것은 가능하지만 쉬운 일이 아니라는 것을 역사가 증명하고 있습니다. 이런 일은 노회나 총회를 통해서만 제대로 이루어질 수 있습니다.

회에 의한 치리가 성경적인 제도라면 여기에 합당한 사람을 세우는 것이 무엇보다 중요합니다. 장로는 당회를 통해 교회를 다스리는 사람입니다. 그러면 어떤 사람을 장로로 세워야 할까요? 직분론에서는 직무가 가장 중요하기 때문에 우선은 직무를 정확하게 파악해야 합니다. 장로의 직무는 회의를 통해 다스리는 것입니다. 그렇다면 어떤 사람이 장로의 일을 잘할 수 있을까요? 회의를 잘하는 사람입니다. 그렇다면 어떤 은사를 가진 사람이 회의를 잘할까요? 남을 나보다 낫게 여기는 사람(빌 2:3), 자기 고집대로 하지 않는 사람(딛 1:7)입니다. 따라서 장로 선출에 앞서 성도들은 후보자가 평소에 구역이나 부서의 모임을 화목하게 하고 잘 이끌었는지를 분별하여 투표해야 합니다.

5. 갈등을 넘어 몸 된 교회 세우기

직분자 선출: 교회 갈등을 극복하는 길

이제 우리는 하나님께서 구체적으로 어떤 방법으로 직분자를 교회에 세우시는지 살펴볼 것입니다. 우선 직분자가 세워지는 여러 가지 방식을 열거해 보겠습니다.

일반적으로 성령의 은사를 강조하는 사람들은 내적 소명과 은사를 중요하게 봅니다. 이단들은 주로 하나님의 직접적인 계시를 받았다고 주장하며 스스로 직분자가 됩니다. 40일 금식 기도를 하다가 "목사가 되라"는 하나님의 소명을 받았다는 식입니다. 이런 경우 신학 교육이나 다른 검증은 중요하게 다루지 않습니다.

교권을 강조하는 로마 가톨릭 교회에서는 주교가 직접 직분자를 임명합니다. 이 경우에 주교에 의한 임명은 사실상 하나님의 뜻과 동일한 것으로 간주됩니다. 로마 가톨릭 교회가 이런 방식을 채택하는 근본 이유는, 주교가 사도직을 잇는다고 보기 때문입니다. 예수님께서 사도들을 세우실 때 다른 제자들과 의논하지 않으셨듯, 주교가 직분자를 세울 때에도 성도에게 물어볼 이유가 없다고 생각합니다. 로마 가톨릭 교회에서 직분자 선출은 철저하게 성직자 중심으로 이루어지며, 평신도는 그 과정에서 아무 역할도 하지 못합니다.

개신교에서는 선거를 통해 직분자를 세웁니다. 직분자 선출에 관한 성경의 예가 사도행전 6장에 나옵니다. 사도들은 일곱 명의 집사 혹은 지도자들을 직접 임명하지 않고 이 일을 교회의 성도들에게 맡겼습니다. 성도들이 "성령과 지혜가 충만하여 칭찬받는 사람 일곱을" 집사로 택하는데(3절) '택하다'라는 표현에는 '손을 들어 선출하다'라는 의미가 있습니다. 이로 미루어 보아 초대 교회는 선출을 통한 임직 제도가 초기부터 자리잡았다고 볼 수 있습니다. 비록 선거가 하나님의 직접적인 임명 행위는 아니지만 하나님의 뜻을 묻고 확인하는 절차인 것은 맞습니다. 여기에 선거를 이해하는 매우 중요한 의미가 담겨 있습니다.

교회 안에서 이루어지는 직분자 선거는 국회의원 등을 뽑는 일반 선거와 형식에서 별 차이가 없습니다. 그러므로 선거에 대한 성경적인 이해가 부족하면 세속적 정치 행태를 답습하기가 쉽습니다. 직분은 그리스도께서 세우신 제도이지만, 관직은 인간이 만든 제도입니다. 직분은 그리스도께서 교회에 주신 선물이지만, 관직은 자신의 노력으로 쟁취할 수 있는 여러 직업 중 하나입니다. 따라서 교회에서의 선거는 하나님의 뜻을 묻는 행위이지만, 세상에서의 선거는 대중의 뜻을 묻는 행위이자 자신의 뜻을 관철시키기 위한 수단이 되기도 합니다.

선거가 하나님의 뜻을 묻는 행위임을 정말로 믿는다면 직분자 선거를 바라보는 시각이 완전히 바뀔 것입니다. 국회의원 선거의 경우 우리가 어떤 후보에게 투표했는데 그 후보가 낙선했다면 실망할 수 있습니다. 자신이 기대하는 바가 이루어지지 못했기 때문입니다. 직분자 선거는 이와는 전혀 다릅니다. 어떤 후보에게 투표했는데 그 후보가 선출되지 못했다고 합시다. 투표한 성도는 어떤 마음을 가져야 할까요? **기뻐해야 합니다**. 투표를 통해 하나님의 뜻이 분명하게 드러났기 **때문입니다**. 성도는 자신이 원하는 사람을 당선시키기 위해서가 아니라 하나님의 뜻을 확인하기 위해 투표를 하는 것입니다. 그러므로 자신이 투표한 후보가 선출되면 당연히 기쁘 겠지만, 혹여 선출되지 않더라도 기뻐해야 합니다.

선거가 하나님의 뜻을 묻는 행위라는 가장 기본적인 사실은 후보자의 자질을 검증하는 일에서도 중요합니다. 어떤 후보자가 선거에서 선출되지 못했다고 가정해 봅시다. 그 후보자는 어떤 태도를 가져야 할까요? 분명 기분은 좋지 않을 것입니다. 어쩌면 자신의 부족함을 돌아보고 하나님의 뜻을 기쁘게 받아들이기보다는 자신에게 투표하지 않은 다른 회원들에게 마음 상해 있을지 모릅니다. 그런 상황이라면 그는 원리적으로 하나님께 불만을 드러내는 것입니다. 심지어 어떤 후보자는 창피하다며 몇 주 혹은 몇 달 동안 교회에 나오지 않는 경우도 있습니다. 하나님의 뜻을 기쁘게 받아들이지 못하는 후보자라면 애초부터 직분자로서 자격 미달입니다.

선거의 본질을 바르게 이해한다면 투표에 임하는 사람은 오직 하나님 앞에서 자신의 양심에 따라 투표해야 합니다. 하지만 인간의 타락한 본성은 투표에서도 나타납니다. 누가 그 직무를 잘 감당할 것인지를 생각하기보다 누가 선출되어야 나에게 유리할지를 따지는 것은 어쩔 수 없는 우리의 심성입니다. 이왕이면 자기와 가까운 사람에게 투표하려고 합니다. 이런 투표 행태가 만연해지면 선거 운동이라는 '누룩'이 교회 안에 퍼져 나가게 됩니다.

선거운동: 직분 자체를 부정하는 행위

선거가 하나님의 뜻을 묻는 절차임을 인정한다면 교회 안에서 선거 운동은 해서는 안 되는 행위입니다. 일반 선거에 익숙한 성도는 교회 직분자 선출 과정에서 선거 운동하는 것을 심각한 문제로 여기지 않을 수 있습니다. 불법적인 수단을 동원하는 것이 문제이지 선거 운동 자체를 문제로 보지 않습니다. 교회 개혁 운동을 하는 이들도 투명하고 공정한 선거 제도가 교회 안에 정착되기를 바랍니다. 과정이 투명하고 공정하지 않으면 불법 선거나 밀실 선거가 될 수밖에 없기 때문에 선거 운동이 있어야 한다고 생각합니다.

선거 운동에 찬성하는 이들의 목소리도 일리가 있습니다. 하지만 선거 운동이 교회에서 하나의 관습이 되었다는 것은 교회가 타락했음을 보여 주는 증거입니다. 다른 나라의 교회에서는 직분자 선거 과정에서 선거 운동을 거의 하지 않습니다. 한국 교회도 예전에는 선거 운동이 거의 없었습니다. 선거 운동은 비교적 최근에 나타난 현상입니다. 교회가 박해받거나 어려운 시절에 직분자가 된다는 것은 큰 짐을 지는 것이기에 서로 사양하기도 했습니다. 목사가 되면 잡혀가서 순교할 수도 있는데 누가 나서서 선거 운동을 하려고 하겠습니까?

한국 교회에서 선거 운동이 자리잡게 된 배경은 다양합니다. 그중에서도 '직분을 바라보는 시각의 변화'를 중요한 요인으로 꼽을 수 있습니다. 직분을 일종의 관직처럼 인식하게 된 것입니다. 직분을 더 이상 하나님께서 교회에 주시는 선물로 생각지 않습니다. 직분을 하나님께서 세우시는 것으로, 하나님 나라를 위해 고난을 감수해야 하는 자리로 여기지 않습니다. 언제부터인가 직분은 섬기는 자리가 아니라 권위를 행사하는 자리가 되고 말았습니다.

선거 운동이 별로 효과가 없을 뿐만 아니라 직분자가 되면 본인에게 무언가 혜택이 있기는커녕 오히려 엄청난 짐을 지게 된다는 인식이 있을 때, 교회 안에서 선거 운동은 근원적으로 사라질 것입니다. 선거 운동은, 적어도 그것을 하는 사람은 직분자가 될 자격이 없음을 확실하게 보여 주는 것임을 모든 성도가 분명히 알아야 합니다.

회원들의 선거

회원에 의한 직분자 선출 방식은 신약 교회가 설립되던 때부터 조금씩 발전하면서 정착했습니다. 사도행전 1장에서 이것을 확인할 수 있습니다. 예수님께서 승천하시고 난 뒤 제자들은 가룟 유다 대신에 새로운 사도를 선출했습니다. 원래 사도는 예수님께서 직접 지명하여 선출한 사람들입니다. 하지만 그리스도께서 승천하신 후로 사도를 직접 선출하기가 불가능해졌습니다. 사도들은 성령의 직접적인 계시를 통해 다른 사도를 선출할 수도 있었지만 그렇게 하지 않았습니다.

먼저 사도 베드로가 (가룟 유다의 자살로) 자리가 빈 사도직을 메우기 위해 보선(補選)해야 할 필요성을 성경에 근거해 설명합니다. 그러자 그곳에 있던 120명의 제자들이 두 사람을 추천합니다. 열한 사도들은 자신들이 직접 투표하여 두 명 중 한 명을 선출하지 않고, 그 대신에 하나님께 기도한 다음 제비를 뽑아 맛디아를 선출했습니다. 직분자가 모든 회원의 선거를 통해 선출된 것은 아니지만, 적어도 회원이 직분자 선출에 중요한 기여를 했다는 점은 주목할 만합니다.

사도행전 6장에서 우리는 또 다른 직분자를 선출하는 장면을 보게 됩니다. 예루살렘 교회가 크게 성장하면서 가난한 이들을 구제하는 문제로 갈등과 다툼이 일었습니다. 열두 사도들이 모든 제자들을 불러 일곱 명의 지도자를 선출하도록 명합니다. 모든 사람들이 이 말을 기쁘게 받아 일곱 명을 선출했고, 사도들은 그들에게 안수하여 직분자로 임명했습니다. 앞의 경우와는 달리 제자들은 정확하게 일곱 명을 선출하고 사도들은 그들을 그대로 받아들였습니다. 맛디아의 경우와 달리 제비를 뽑는 절차는 시행하지 않았습니다. '회원의 선거'가 직분자를 선출하는 결정적인 요소로 자리잡기 시작한 것입니다.

사도행전 14장에서는 한층 더 발전된 회원의 선거 장면을 볼 수 있습니다. 바울과 동역자 바나바는 여러 곳을 순회하며 말씀으로 봉사했습니다. 그 결과 여러 도시에 교회가 생겨났습니다. 하지만 바울과 바나바가 그 교회를 계속해서 돌볼 형편이 안 되었습니다. 그들은 많은 환란을 겪는 중이었기 때문입니다. 이에 바울과 바나바는 각 교회마다 장로를 택하여 세웠습니다. 앞에서 언급했지만, 여기서 '택하다'라는 말은 헬라어로 '손을 들어 선출하다'라는 의미가 있습니다. 따라서 장로들은 바울과 바나바의 일방적인 지명을 받은 게 아니라 회원들의 선거를 통해 임명되었다고 보아야 합니다. 더구나 구체적인 선거 방법으로 손을 들어 선출하는 거수 방식이 사용되었음을 유추해 볼 수 있습니다.

하지만 이런 선출 방법은 주교제나 교황 정치가 자리잡으면서 점차 교회 안에서 사라지고 말았습니다. 일반 성도는 직분자를 세우는 과정에서 어떤 권한도 행사할 수 없게 되었고, 주교의 일방적 임명이 직분자를 선출하는 보편적인 방법이 되었습니다. 초대 교회의 성경적인 직분자 선출 과정은 종교 개혁을 통해 다시 가능하게 되었습니다.

회원들의 선거를 통한 방식이 아무리 성경적이라고 해도 제대로 시행하지 않는다면 직분자를 바르게 세울 수 없습니다. 제도 자체가 훌륭한 직분자 선출을 보장하지 않는다는 말입니다. 특히 교회의 규모가 클수록 회원들의 선거는 부실하게 이루어질 수 있습니다. 일반적으로 주요 직분자 선출의 경우 전체 회원 3분의 2 이상의 찬성을 얻어야 합니다. 교회의 규모가 큰 경우, 회원들은 후보자에 대해 자세히 알지 못한 채로 투표에 임합니다. 그러면 선거는 사실상 인기 투표가 되거나 무작위 투표와 다를 바 없게 됩니다. 선거가 이런 식으로 부실해진다면 차라리 책임 있는 목사 한 명이 지명하거나 당회에서 철저한 심사를 거쳐 임명하는 방식이 나을 수 있습니다. 따라서 회원의 선거를 통한 방식은 교회의 모든 회원이 직분에 대해 바른 이해와 분별력을 가지고 있다는 것이 전제

되어야 합니다.

　선거가 제대로 이루어지려면 회원들의 책임 의식이 매우 중요합니다. 회원들이 선거를 통해 직분자를 선출했다면 당연히 그 결과에 대해서도 책임을 져야 합니다. 제대로 된 절차 없이, 후보자에 대한 검증 없이 직분자를 선출해 놓고서는, 그로 인한 결과에 불만과 불평을 늘어놓는 것은 올바른 처사가 아닙니다. 더욱이 교회 안에서 선거는 하나님의 뜻을 묻는 행위이므로 선거 결과가 어떠하든 하나님의 뜻으로 받아들여야 합니다.

예루살렘 교회의 문제

우리는 앞서 살펴본 '직분자(직원) 선출'에서, 교회의 회원에 의한 선거가 하나님의 뜻을 확인하는 절차임을 확인했습니다. 이제는 직분자의 바른 선출이야말로 한국 교회가 겪고 있는 여러 어려움을 극복하는 가장 중요한 길임을 제시하고자 합니다. 직분자를 잘못 세우면 교회는 점차 무너지고 맙니다. 반면에 직분자를 바르게 세울수록 교회는 하나님의 말씀과 그리스도의 사랑으로 충만해져 견고히 서게 될 것입니다.

종교 개혁의 구호 중 하나가 "초대 교회로 돌아가자"입니다. 사실 모든 개혁 운동이 초대 교회를 동경합니다. 여기서 말하는 교회는 사도행전에 기록된 예루살렘 교회를 가리킵니다. 그런데 많은 사람이 예루살렘 교회에 환상을 품고 있는 것 같습니다. 예루살렘 교회를 완벽한 교회, 어떤 흠도 없는 교회라고 쉽게 생각합니다. 실제로 오순절에 성령님께서 강림하셨을 때, 제자들은 방언을 말하며 복음을 전했고, 많은 사람들이 교회로 몰려들었습니다.

교인들의 수가 점점 많아지자 이전에는 완벽해 보이던 예루살렘 교회에 문제가 생겼습니다. 사도들만으로는 말씀 전하는 일과 가난한 이들을 구제하는 두 가지 사역을 잘 감당할 수 없게 된 것입니다. 말씀 사역을 하기에는 별 문제가 없었습니다. 예배에 참석만 하면 모두가 사도의 말씀을 직접 들을 수 있었으니까요. 말씀을 잘 듣지 못했다면 그것은 순전히 본인 책임이었습니다. 하지만 구제는 다른 문제였습니다. 교회의 규모가 커지다 보니 구제 사역을 효과적으로 하기가 어려워졌습니다. 실제로 사도들이 많은 성도들의 사정을 일일이 알기가 힘들었습니다. 특히 헬라어를 사용하는 과부들이 구제를 받는 일에서 제외되는 일이 빈번해졌습니다. 그러자 이들은 히브리어를 사용하는 사람들을 원망하기 시작했습니다.

문제 해결 방법: 직분자의 선출

사도들은 교회 안에서 빚어지는 문제에 대해 보고를 듣고 의논 끝에 다음과 같이 결정했습니다.

> 우리가 하나님의 말씀을 제쳐놓고 접대를 일삼는 것이 마땅하지 아니하니(행 6:2).

이것이 초대 교회에서 처음으로 사도가 아닌 직분자를 세우게 된 계기입니다. 사도들은 비록 오순절 성령의 충만함을 입었지만, 교회에서 일어나는 모든 사안을 해결할 수는 없었습니다. 말씀을 전하는 것과 구제를 하는 것 모두 사도에게 중요하지만, 말씀을 제쳐놓으면서까지 구제를 감당하는 것은 옳지 않다고 보았습니다. 이와 같은 판단에 근거해 사도들은 제자들에게 명령했습니다.

> [3] 형제들아 너희 가운데서 성령과 지혜가 충만하여 칭찬받는 사람 일곱을 택하라 우리가 이 일을 그들에게 맡기고 [4] 우리는 오로지 기도하는 일과 말씀 사역에 힘쓰리라 하니(행 6:3-4).

교회 안에 문제가 생겼을 때, 사도들은 그저 "기도합시다"라고 말하지 않았습니다. 더 많은 사도를 뽑아 문제를 해결하려 하지도 않았습니다. 사도를 세우는 권한은 오직 예수님께만 속했기 때문입니다. 열두 명은 교회가 처음 출발할 때 필요한 숫자였습니다. 그래서 가룟 유다의 자살로 결원이 생긴 부분만 성령님께서 직접 선택하시도록 (무리가 두 사람을 추천하고 제비를 뽑아 결정을) 했습니다.

교회가 성장하면서 일어난 문제를 해결하기 위해 사도들은 구제 사역을 전담하는 사람들을 선출하기로 결정했습니다. 사도들은 '몇 명을 선출할 것인가'만 정했습니다. 자신들의 권한으로 직접 원하는 사람을 선출하지 않고, 구제 사역을 감당할 사람이 마땅히 갖추어야 하는 자격만 알려 주었습니다. 기준은 단순하고 명료했습니다. "성령과 지혜가 충만하여 칭찬받는 사람"이었습니다(3절).

이 원칙은 오늘날에도 유효합니다. 성경은 우리에게 '교회에 무슨 직분이 필요한가, 그 직분은 무슨 일을 하는가, 그 직분을 위해 어떤 자격이 필요한가'만을 가르쳐 줍니다. 구체적으로 누가 그런 사람인지는 세세하게 가르쳐 주지 않습니다. 이것은 성도들이 책임 의식을 가지고 결정해야 하는 문제입니다. 승천하신 주님은 성도들을 로봇처럼 다루지 않으십니다. 성경의 일반적인 원리 아래서 우리가 스스로 판단하고 결정하여 교회의 문제를 해결하기 원하십니다.

교인들이 투표로 일곱 명을 선출하여 직분자로 추천하자 사도들이 안수하여 그들을 집사로 세웠습니다. 여기서 우리는 직분자를 추천하는 것과 직분자를 임직하는 것 사이에 분명한 구분이 있음을 알게 됩니다. 회중이 해야 하는 일은 직분자가 될 사람을 선별하는 것이고, 사도들이 하는 일은 그를 하나님 앞에 바로 세우는 것입니다.

이것을 오늘날 우리 교회에 적용해 봅시다. 중요한 점은, 비록 교인들이 형식적으로 말씀 사역자를 선별하더라도, 그를 실제로 임직시키는 것은 교인이 아니라 그리스도시라는 것입니다. 부활하신 주님은 두 가지 기관을 동시에 사용하십니다. 성도 전체와 직분자입니다. 성도는 직분자를 선별하고, 직분자는 그 선별된 사람을 세웁니다. 엄밀히 말하면, 교회의 직분자는 교인이 선별한 사람을 세우지 않을 권한이 있습니다. 만일 회중이 부적격자를 선출했다면, 사도들은 절대로 그들을 교회의 직분자로 세우지 않았을 것입니다.

직분자를 세운 결과: 하나님의 말씀이 왕성해짐

직분자를 세우고 나서 나타난 가장 큰 변화는 교회 안에 갈등이 사라졌다는 것입니다. 바른 직분자를 세우는 것이 교회의 갈등 해결에 얼마나 중요한지 알 수 있습니다. 물론 직분자를 세운다고 해서 교회의 모든 문제가 해결되는 것은 아닙니다. 오히려 직분자를 잘못 뽑으면 갈등이 해결되기보다는 심화되는 경우가 많습니다. 그렇다면 직분자를 아예 뽑지 않는 것은 어떨까요? 이 역시 해결 방법이 아닙니다. 실제로 교회 역사를 돌아보면 직분을 완전히 없애 버린 이들이 있었습니다. 직분은 인간이 만들어 낸 제도이고, 천국에서는 어떤 직분도 존재하지 않을 것이라는 이유 때문이었습니다. 하지만 그것은 직분이 승천하신 주님께서 교회에 주신 선물이라는 사실을 완전히 잊어버린 처사입니다.

또 직분자를 세우고 나서 말씀이 점점 왕성해졌습니다. 우리는 앞에서 사도들이 직분자를 세운 가장 큰 이유가 말씀 사역이 방해를 받았기 때문임을 살펴보았습니다. 직분자가 세워진 이후에 사도들은 말씀 사역에 전념할 수 있었습니다. 구제 사역을 감당하는 대신에 기도하고 말씀을 증거하는 일에 전적으로 매진했습니다. 당연히 더 많은 사람들이 복음을 들었습니다. 그래서 예루살렘에 있는 "제자의 수가 더 심히 많아[졌습니다]"(행 6:7).

당시 일반 백성만 복음을 들은 것이 아닙니다. 제사장 무리도 이 말씀*을 듣고 복종했습니다(7절). 사실 그리스도께서 이 땅에 계실 때, 예수님을 가장 반대했던 무리가 바리새인과 제사장들이었습니다. 그들은 예수님을 죽이는 일에 주도적인 역할을 했습니다. 게다가 그들은 종교 지도자이고 성경을 가장 잘 알고 있는 사람들이었습니다. 그들이 어부 출신인 사도들의 말을 들을 리 없습니다. 그러나 이제는 그들마저도 말씀에 복종할 정도로 그리스도의 말씀은 사도들을 통해 능력 있게 증거되었습니다.

여기서 우리는 말씀 사역이 얼마나 중요한지를 보게 됩니다. 구제 사역의 문제로 말씀 선포에 위기가 찾아왔고, 말씀에 전념하기 위해 직분자를 세웠으며, 직분자가 세워지자 말씀이 흥왕해졌습니다. 원래 우리 주님은 이 땅에 오시기 전에 말씀으로 계셨습니다(요 1:1). 그 말씀이 이 세상에 오셔서 성부 하나님의 말씀을 온전히 증거하셨습니다. 그 말씀을 다 전

---

* "하나님의 말씀이 점점 왕성하여 예루살렘에 있는 제자의 수가 더 심히 많아지고 허다한 제사장의 무리도 이 도에 복종하니라"(행 6:7). 한글 성경에 "도"라고 번역된 이 단어는 헬라어 '로고스', 즉 말씀이다.

하신 후에 우리 주님은 십자가에서 죽으시고 부활하시고 승천하셨습니다. 승천하신 주님은 말씀 사역을 중단하지 않으셨습니다. 주님은 교회에 직분자를 세우시고 직분자를 통해 말씀을 계속 전하고 계십니다. 그러므로 교회의 미래는 훌륭한 말씀 사역자를 얼마나 배출하는가에 달렸습니다.

마지막으로 살펴볼 것은 '누가 선출되었는가'입니다. 사도들의 제안을 기쁘게 받아들여 일곱 명의 직분자를 뽑았는데, 그들의 이름을 살펴보면 모두 헬라파 유대인들입니다. 이것은 교회의 구속 사역에서 매우 중요한 의미를 지닙니다. 사도들은 모두 히브리파 유대인들이었습니다. 교회 안에는 히브리파가 절대 다수를 차지하고 있었습니다. 하지만 복음이 더욱 전파되기 위해서는 유대 민족주의를 벗어나야 했습니다. 교회 안의 직분자가 모두 유대인이라면, 당시 청중의 대부분이 헬라 사람인데 어떻게 복음이 제대로 전파될 수 있었을까요? 사도들과 교회의 다수를 차지하던 유대인들은 자신들의 기득권을 사용하지 않았습니다. 성령과 지혜가 충만하다면, 비록 자신들과 다른 그룹에 속한 사람이라도 교회의 지도자로 세웠습니다. 그 결과 초대 교회는 열두 명의 유대인 사도들과 일곱 명의 헬라파 지도자들이 하나가 되어 주님의 교회를 섬겼습니다.

이것을 우리에게 적용해 보겠습니다. 교회에서 직분자를 세운다면 대개는 그 교회 토박이가 선출될 가능성이 높습니다. 그런데 멀리서 어떤 성도가 이사를 왔습니다. 누가 보아도 성령과 지혜가 충만한 사람입니다. 그렇다고 그 사람을 장로나 집사로 쉽게 세울 수 있을까요? 자격 요건에 맞는다면 출신과 관계없이 누구든 직분자로 세울 수 있는 교회가 건강한 교회입니다. 교회가 성장한다는 것이 무슨 말입니까? 많은 사람들이 교회로 몰려오고, 그들을 위한 사역자도 필요해진다는 의미입니다. 하지만 기존의 성도들이 기득권을 내세우며 직분을 독점한다면 그 교회가 제대로 성장할 수 있을까요? 하나님 나라의 관점으로 볼 때 성령과 지혜가 충만한 사람이 있다면, 나와 별로 관계가 없다고 해도 교회의 성장을 위해 그 사람을 직분자로 세울 준비가 되어 있습니까?

교회는 항상 선택의 갈림길에 섭니다. 직분자를 세우는 과정에서 많은 사람들이 어떻게든 자신의 의사를 관철시키려고 합니다. 자기와 친한 사람 혹은 자신의 이익을 실현시켜 줄 사람이 선출되기를 바랍니다. 자기가 좋아하는 사람을 고집한다든지, 다수의 의견으로 소수를 배려하지 않은 채 직분자를 선출한다면, 그런 선택은 교회에 큰 짐이 되고 맙니다.

결론

오늘날 한국 교회는 내부의 갈등이 심각한 상황입니다. 특별히 당회 내의 갈등은 위험 수위를 넘었습니다. 불평하고 비난한다고 해결할 수 있는 문제가 아닙니다. 우리가 경험하는 모든 갈등은 궁극적으로 하늘나라에서만 해소될 수 있습니다.

이 땅을 살아가야 하는 성도들은 교회 안에 일어나는 갈등을 어떻게 해결할 수 있을까요? 초대 교회가 모범을 제시하고 있습니다. 초대 교회는 좋은 직분자를 세움으로 갈등을 해결했습니다. 직분은 하나님께서 교회에 주신 놀라운 선물입니다. 하나님은 우리에게 교회에 어떤 직분이 필요한지, 직분자에게 어떤 자격이 필요한지만 알려 주십니다. 그것을 분별하고 선출하는 과업은 성도에게 맡기셨습니다. 그렇다면 이 일을 위해 겸손하게 하나님께 구하시기 바랍니다. 특별히 지혜를 구하십시오. "후히 주시고 꾸짖지 아니하시는 하나님"께서 우리의 기도에 반드시 응답하실 것입니다(약 1:5).

닫는 글
착하고 충성된 종들을 위하여

지금까지 개혁파 신학의 전통에 따라 직분에 대한 성경적인 가르침을 살펴보았습니다. 우리의 기대와 달리 성경은 직분에 대해 구체적이고 세세한 가르침을 주지는 않습니다. 심지어 목사나 집사라는 단어는 성경에 많이 등장하지도 않습니다. 이와 같은 이유로 로마 가톨릭 교회나 영국 교회는 직분은 성경이 아니라 교회 전통에 따라 세워져야 한다고 주장했습니다. 그 결과 직분은 성직자 중심의 계급적 직분관으로 이해되었고, 이것이 중세 기간 동안 뿌리를 내렸습니다.

종교 개혁을 통해 '오직 성경'의 원리가 확보되자 직분 제도도 성경에 따라 개혁되었습니다. 반성경적인 교황 제도가 가장 먼저 거부되었습니다. 시간이 많이 걸리기는 했지만 비성경적인 주교 제도도 완전히 거부되거나 수정되었습니다. 개혁 교회나 장로 교회의 경우 직무 중심의 직분관이 자리잡게 되었습니다. 더 이상 직위 자체를 거룩하거나 중요한 것으로 여기지 않게 되었습니다. 종교 개혁에 따라 성경에 근거한 3중 직분, 즉 목사, 장로, 집사가 적어도 한국 교회에서는 보편적으로 자리를 잡았습니다. 감리 교회나 침례 교회에서도 장로가 중요한 직분으로 자리잡은 경우가 많습니다. 적어도 직분 문제에서 한국 교회는 하나라고 해도 과언이 아닙니다. 이것 자체는 정말 복된 일입니다.

그러나 앞에서 말했듯 직분은 수단일 뿐 직분 자체가 교회의 건강함을 보장해 주지 않습니다. 수단을 잘못 사용하면 오히려 교회에 큰 해를 끼칠 수 있습니다. 주님께서 주신 선물인 직분을 잘 사용하려면 먼저 직무가 무엇인지 분명히 이해해야 합니다. 직무에 따라 유능하고 신실한 직분자(직원)를 세우시기 바랍니다. 이 책은 직분에 관해 가장 기본적인 내용을 다룹니다. 장로 교회뿐만 아니라 어느 교회에서든 직분자 교육에 활용하면 좋습니다. 그래서 "착하고 충성된 종"들을 세우는 일에 조금이라도 도움이 된다면 저자로서 그보다 더한 기쁨은 없을 것입니다.

직분 관련 추천도서

허순길 『잘 다스리는 장로』

허순길 교수는 다스리는 장로에 대해 박사학위 논문을 썼고, 호주 개혁교회에서 직접 호주인을 상대로 목회를 한 다음, 고려신학대학원에서 가르쳤습니다. 이 책은 장로에 대한 성경의 가르침이 어떻게 개혁파 전통 안에서 실천되고 있는지를 잘 보여 줍니다.

성희찬 외 『교회의 직분자가 알아야 할 7가지』

저를 포함해 실제로 목회를 하는 목사들이 중심이 되어 쓴 책입니다. 직분과 관련된 주제들을 다루고 있는데, 여러 명이 공동으로 작성했음에도 불구하고 통일성을 잃지 않는 것이 큰 장점입니다. 현장의 목회자들에게 실질적인 도움이 될 것입니다.

김헌수 외 『성경에서 가르치는 집사와 장로』

집사와 장로에 대한 성경적 가르침을 잘 정리한 책입니다. 집사 직분에 대해 체계적으로 쓴 책이 거의 없기 때문에 특히 집사 직분을 이해하는 데 유용합니다.

코넬리스 반담 『성경에서 가르치는 장로』

코넬리스 반담은 목회를 하다가 신학교에서 구약을 오랫동안 가르쳤습니다. 구약학자로서 장로에 대한 여러 가지 성경적 근거들을 잘 제공하고 있습니다. 허순길 교수의 책을 읽은 다음 이 책을 읽기를 권합니다.

제러미 린 『교회의 장로』

〈9Marks〉 저널의 정기 기고자로 활동하는 제러미 린은 건강한 교회의 아홉 가지 표지들을 짧고 읽기 쉽게 소개하는 이 시리즈에서 교회 리더십, 특별히 장로(Church Elders)에 대해 서술하고 있습니다. 장로의 직무와 자격에 대한 성경적 이해를 잘 담고 있습니다.